战略

顿悟渐修

Gradual Cultivation and Sudden Enlightenment

彭道富 / 著

中国出版集团有限公司
China Publishing Group Co., Ltd.
研究出版社

图书在版编目（CIP）数据

顿悟渐修．战略／彭道富著．－－北京：研究出版社，2025.1．－－ISBN 978-7-5199-1724-1

Ⅰ．F830.91

中国国家版本馆CIP数据核字第2024DT9210号

出 品 人：陈建军
出版统筹：丁　波
责任编辑：韩　笑

顿悟渐修·战略

DUNWU JIANXIU·ZHANLÜE

彭道富　著

研究出版社　出版发行

（100006　北京市东城区灯市口大街100号华腾商务楼）

北京隆昌伟业印刷有限公司印刷　　新华书店经销

2025年1月第1版　2025年1月第1次印刷

开本：880毫米×1230毫米　1/32　印张：7.25

字数：168千字

ISBN 978-7-5199-1724-1　　定价：59.00元

电话（010）64217619　64217652（发行部）

版权所有·侵权必究

凡购买本社图书，如有印制质量问题，我社负责调换。

假如你不能成为别人生命中的礼物,就不要走进别人的生活;
假如有人进入我的生活,我有能力认出这份礼物。

希望本书能成为你悟道路上遇到的最特别的礼物!

序: 大道至简

数字哥

每当有朋友问我怎么做交易、怎么做龙头,我都会告诉他们——用婴儿般的眼光去看! 涉及具体的一些细节上的问题,无法用三言两语说清楚的时候,我会向他们推荐本书作者的相关书籍或公众号(股市的逻辑)文章,说:"彭道富的文章可以好好看看,里面有不少案例分析,有助于加强对于龙头的理解"。

并不是溢美之词,而是因为彭总一直潜心钻研关于市场某个阶段的龙头以及龙头战法的种种演变情形,并通过自身或者朋友的实战案例分享,不断淬炼提升,及时进行总结、思考、沉淀,然后转化为通俗易懂的文字分享给大家。这对于经验比较欠缺、理解不够深刻的朋友而言,无疑是一本很好的入门、提升教材。

没有什么比来自实战检验第一线、第一时间的分析总结报道,更能让人身临其境的。能不能触类旁通、活学活用，学来的道理能不能有醍醐灌顶的效果，取决于每个人的天赋和努力。

很多东西，不亲身参与，或者不通过深入的采访和交流、不深入思考揣摩是无法还原，也是无法从本质上抓到问题的关键所在的。比如：为什么这只股票是龙头？你是什么时候发现它是龙头的？

近年来，龙头战法得到大范围、水平参差不齐、多维度的宣传之后，逐渐"烂大街"化。在注册制开始全面实行、量化开始越来越活跃、监管或监控日趋严格的当下，龙头会以什么样的方式呈现在大家的面前？龙头战法是否需要迭代升级或进一步优化呢？

答案是毋庸置疑的。

所以我认为，本书作者持之以恒不间断地思考与总结，是与时俱进、贴近最真实的市场博弈和变化的。理论不仅仅来自纸面，而且来自实战经验总结，并且有很多思维火花上的闪光点，让我读罢有一种原来如此，"于我心有戚戚焉"的感觉。

传统的龙头战法以情绪或筹码博弈为主要载体，可以没有任何基本面的逻辑支撑，散户说你有就有，没有也是有，就是当时最广为流传的一种调侃。

而现在的龙头，必然伴随着基本面逻辑的支撑——其潜在蕴含的内在价值尚未被大众认可或发掘，而这个对于基本面逻辑或者价值的认知差，将会成为一段时期内对龙头最好的佐证与支撑。即我之所以能成为龙头，不再仅仅是单纯依托情绪或筹码博弈；我之所以为龙头，是因为我真的有价值，只是你还没有认可我的价值，或没有发现我的价值而已！

这就是新时期龙头在表现形式上与传统纯情绪化与筹码博弈的龙头战法分庭抗礼的分界线所在，即作者文中所述"龙头有两种，价值型与情绪型""龙头的新变化，离投机很远，离价值很近"。

这些观点，在某种程度上又与赵老哥所说的"不少纯打板战法，过分看重分时板的质量，打的是分时板，而不是日线板"有异曲同工之妙——流水不争先，争的是滔滔不绝！

比如新能源时期的龙头代表小康股份；比如疫情时期的龙头代表九安医疗、中远海控、英科医疗等；比如2023年上半年的大主流人工智能炒作过程中出现的龙头代表剑桥科技、中际旭创、工业富联、联特科技、中国科传、鸿博股份等；它们的日线结构上经常出现震荡以及大跌的阴线，短时间内的表现确实会让人觉得这不是龙头，但是不可否认的一点就是它们韧性十足，后劲十足。

这就是新时期新阶段的龙头具有的独特气质——不再以日内分时的强弱为判断强弱的依据，而是以日线结构上的强弱为判断强弱的依据。这就脱离了分时上的桎梏，跃升到了另一个阶层。

而能够维系这种走势的龙头，其自身的基本面逻辑必定过硬，才经得起市场分歧检验。于是又回到了彭总所说的"龙头，本质上是一段势的载体与表达""高手谋势不谋子，俗手谋子不谋势""龙头就在众目睽睽之下；龙头就在大摇大摆之中；龙头就在街谈巷议之间；龙头就在口口相传之畔"。你只需要用婴儿般的眼光看就可以了。

见山是山，见山不是山，见山还是山！大道至简，殊途同归！

成百上千的支流如果找不到汇入江河主流的口子，那么它们将永远无法奔流入海；想要到达千里之外的目的地，不找到正确的主干道，走小路或者岔路，哪怕你日夜兼程，很有可能事倍功半甚至事与愿违；不找准方向，迷失方向后可能绕来绕去还在原地打转，甚至南辕北辙。

这就是为什么要坚持在主流里面寻找机会的原因之一；而日后能被人提及的龙头，必然来自主流板块，主流才是孕育超级大龙头的温床。

所以从龙头入手研究市场，就是从市场主流入手研究市场，可以尽快解决非主流操作恶习的问题；用龙头战法去参与市场博弈，就是在培养自己的交易模式和审美，可以尽快解决模式外和情绪化操作的致命问题。

众所周知，非主流、模式外、情绪化操作是普通投资者亏损的三大主要源泉。不断研究学习龙头背后的主流板块，不断提升自己交易标的的审美条件，不断优化完善自己的交易模式，假以时日能大大缩短走弯路、盲人摸象的时间。正如作者说的："强制自己与龙头发生关系。你的自选股里，应该只放龙头""未定龙时，人找龙；定龙之后，龙找人"。

龙头来自主流，主流孕育出龙头。当下一个大主流、大龙头出现的时候，你是否准备好，也具备了"龙找你"的基础呢？

此次适逢彭总邀请本人作序，有心于龙头战法的朋友，不妨试试沉下心好好研读一下书中的精彩篇章。相信书中的理念以及方法论，会带给你不一样的启示和收获！

2023 年 7 月 11 日于深圳

自序：礼物

一

《天道》里，芮小丹说过这样一句话：

> 只要不是我觉到悟到的，你给不了我，给了我也拿不住。只有我自己觉到悟到的，我才有可能做到，能做到的才是我的。

这句话从结果和终极意义层面上来讲是对的，但如果我们再追问一句："如何才能做到'让我自己觉到悟到'？"大家就会突然发现，很多人对芮小丹这句话的理解肤浅了，包括电视剧的编剧，也包括经常引用这句话的人，断章取义，把深刻的哲理心灵鸡汤化了。

如果只追求"我"的觉到悟到，那么，唐僧还去西天取经干吗？

还要聆听佛陀的真经和教诲干吗？自己觉，自己悟不就行了？

那么，科学家还去学习牛顿、爱因斯坦干吗？还去接受微积分和相对论干吗？直接去觉去悟不就行了？

所以，我说芮小丹的话是从终极意义上来说的。什么是终极意义？就是说"最终"是对的。你要让一个东西彻底变成自己的，最终你自己要彻底领会和理解它，而不是一直靠别人。

但"最终"之前，需要站在别人的肩膀上，需要先吸收别人已经觉到悟到的成果，需要有个"过程"，需要"外缘"来启发和触动。

就是芮小丹本人，其最终之所以有那么高的境界，不也是与遇到丁元英有极大的关系吗？

如果把觉到悟到当成悟道或者顿悟的话，它必须有一个相当长的渐修之旅。

在这一过程中，需要各种各样的外在因缘：

或是一场交流对话，

或是一段视频，

或是一场报告会，

或是一本书、一篇文章、一段话，甚至是三言两语，

或是一种思想、一套理论、一个学说，乃至一种方法，

再或是遇到某个人，

……

这些外缘

或者刺激，或者启发，或者触动，总之是叩开了你的思考和感悟的大门，才有最后的觉到悟到。

自序: 礼物

所以,千万不要把芮小丹的话当成简单的"靠自己""向内求""自力更生",更不能当成"闭门造车"。觉到悟到并非一个人关起门来突然某一天的心血来潮,也并非某个清晨或者某个黄昏突然降临的东西,而是受到过无数个"垫脚石"的启发,站在无数个别人成果肩膀上的结果。

这些当中,书和各种文章、帖子无疑是最常见的载体,也是最方便、成本最低、最唾手可得的"外缘"。试问自己,你在人脉圈和朋友圈能见到多少"世外高人"?能听到多少高维的报告会?能跟多少个真正厉害的人对话和高质量交流?

所以,幸好有书这个载体可以作为"外缘"。

二

经常有人问:

"读书有用吗?"

"读书对炒股有帮助吗?"

那要看你怎么理解"用",怎么去"用"。

如果把一劳永逸地解决炒股问题当成"有用",那么读书没有"用"。这个世界上没有任何一本书能起到这样的"用"。不但书,其他几乎所有的东西,也都没有这样的"用",包括任何一种学习研讨会议、交流会、报告会、电话会议、视频会议、抖音直播等,也包括去跟顶级大佬请教,甚至是现场学习。否则,股神的孩子不也成股神了?

但如果把启发思考、点燃自我当成"用",那么读书肯定有用,而且大有用处。

因为书是最大的"外缘",它能启发我们继续思考,最终让我们达到觉到悟到。

这就涉及对书的态度了。

有些人看书，希望书能提供"圣杯"和立竿见影的"标准答案""终极结论"，希望书能直接让他"悟到"，希望书能够直接告诉他下一步应该马上怎么做。这怎么可能？

如果是其他领域的书，也许可以，比如烹饪、剪裁，但股票书不行。因为投资几乎是这个世界上最复杂、最具有博弈性、最变化无常的领域，这个领域的任何经验和规律总结，无论是以书的形式，还是以语录、文章、报告会、学习班、清华北大投资课、各种战法、视频讲座、音频、课程等的形式，都没有办法直接做到"给你"（芮小丹语），直接让你觉到悟到，都只能是以"外缘"的形式去启发你。都需要你继续"加工"，继续修、继续悟。换句话说，投资领域的任何经验和规律，都是"半成品"，都需要经过你多次思考和反复渐修，才能成为"成品"。否则，就如芮小丹所说，"给了也拿不住"。

这也体现了股票这个领域的复杂性和残酷性。没有任何一本书、任何一个已经"悟到"的大佬，能让你直接成为专家和高手。

那这么说，读书和学习就没用了？

当然不是！

还是回到"用"这个话题。如果我们把启发思考当用、把开启一个全新维度当用、把外缘当用，那么读书不但有用，而且大有其用，甚至，没有任何领域比股票这个领域更需要读书和学习。如果我们不读书，我们就永远在自己的维度和经验里打转。

不是有这样一句话吗：

自序：礼物

> 你不是有5年的工作经验，而是一个经验用了5年。

这句话说得太一针见血了。很多人炒股很多年，自以为经验很丰富，殊不知他只是一个经验耗了很多年。

其实，每个人都有一个"死角"，自己走不出来，别人也闯不进去。这个时候，只有外缘的"当头棒喝"，才能真正改变这种局面。而读书、读别人，正好可以起到这种作用。

有的人可能说："现在股票市场变化快，能写在书上的东西都过时了，书上哪里有答案？"

这种看法很有害：

其一，现象常变，规律不变。股票市场常变和过时的，是一些现象层面的东西，而规律层面的东西，往往亘古不变，比如人性的东西，比如底层逻辑的东西，以及涉及交易的一些战略和心法的东西，等等。这也是为什么说"华尔街没有新鲜事，因为投机像群山一样古老，股市今天发生的事，过去曾经发生过，将来也必然再次发生"。

其二，书没有直接答案，但书会带着你进行一场思维和逻辑的"旅行"。任何书，只要是作者用心创作，里面都会有一套系统化而非碎片式的看问题的角度和思维，它能给继续思考提供"养料""燃料"和"触点"。这些东西，也许平时沉睡在你的大脑深处，而书恰恰能够唤醒它，燃烧你、激荡你，重新启发你思考。也许这种思考，能够打破你的"死角"。

其三，投资中，小的进步靠知识的增加，而质的革命性的进步，靠的是认知突破和维度的升级。那些花样繁多的战法和绝招，很多是在同一个维度里打转。人类对股市的认知,往往需要很多年才有一个维度的更新。而书,因其是系统化的思考和总结,而不是快餐式的灵感,更容易帮人完成维度的升级和改造,实现质的进步。这也是越是投资大佬,越是乐此不疲地热爱阅读的原因。

所以,书不但有用,而且有大用。

再退一步讲,一本书哪怕里面只有一章、一段话、一个认知或者一个观点能够震撼和启发到我们,就够了,就超值了。投资路上,很难有人给你所需要的全部的100%的东西。有人哪怕只给一两句话,甚至一个词,如果真能启发到你,就已经受益无穷了。

我自己从事投资很多年,深感投资是一辈子都需要为之努力的事情。我觉得我比任何人都喜欢读书,投资的书,非投资的书,包括很多在一些人看来没有用的杂书,我都喜欢。但凡这些书里有只言片语能让我有所悟、有所想,我都会感恩、都会默默感谢。即使自己今后超越了那些文字的内容,甚至觉得它们过时落后了,但只要想起当时阅读时的情景,想起曾经给我带来的启发,我都会深深地感动。因为这些阅读毕竟在当年唤醒过我深度思考,燃烧过我,启发过我,也为我厚积薄发、多维度思考打下最扎实基础。

三

《楞严经》云:"理可顿悟,事须渐修。"

本书以这句话为书名来源,从"顿悟"和"渐修"两个层面来思考投资。顿悟和渐修,是人类认知和修行的两个法门。佛教中有顿悟派与渐修派之争。慧能和神秀的故事,其实就是顿悟和渐修一较高下的故事。虽然最终慧能一派大行天下,但从修行的角度上来说,大多人更适合渐修而非顿悟,只不过顿悟迎合了大多数人的内心企盼。

投资何尝不是?我们经常艳羡别人的一朝顿悟,也常用顿悟表达已经"得道",足以说明顿悟更能迎合大多数人的内心企盼。而真实的情况呢?如果没有数年如一日的渐修,顿悟就是空中楼阁。我听过太多顿悟的故事,到头来只不过是渐修路上的一个"驿站"而已。宋朝杨万里有一首诗写得好:

> 莫言下岭便无难,赚得行人错喜欢。
> 正入万山围子里,一山放出一山拦。

很多人自以为顿悟了,后来却发现还有另外一层"山"在前面挡着,真是"一山放出一山拦"。所以,一次次的顿悟,事后看都是一层层的渐修。而离开这一层层的渐修,是无法达到最后的顿悟的。

从认知论层面上,顿悟和渐修不可分离。而在实践中,顿悟也不是万事大吉,它仍然还须渐修。

我们经常发现这种情况,某个理已经悟到,但就是做不到,或者一做就走样。为何?因为理是认识层面,实践是做事层面。认知层面的东西或许可以在外界的启发下突然"灵光一闪"顿悟,但是要把这个顿悟的成果落地,却绝非一朝一夕,它必须要在"事上磨",这个磨就是渐修。没有渐修层面的修成正果,仅仅是顿悟上的灵光一闪,不算真正意义上的悟到,心到手未必能到,只有心手合一才是真正的悟到。

当然,我们不能走到问题的反面,过于在渐修上天天拉车,而不看路。股市上做得好的人，都是悟性极高的人，都是能够从经验中悟出一套超出常人认知的东西。这些东西或许可以用语言表达，或许无法用语言表达，但一定都是超出简单现象和经验层面的东西。这个东西是每个人最宝贵的东西，它是一个人日日夜夜反复思考、辛劳总结与突然灵感迸发、豁然开朗的结晶。即使它不是终极意义上的悟道，但也足以打开某个死角，解决某个问题。这样的死角打开多了，问题解决多了，也就慢慢真的全面顿悟了。

我辈不才，喜欢思考总结，也有缘结识、有幸请教一些天赋异禀、成就卓越的投资高人，其间有顿悟的成果，也有渐修点滴的总结。这些东西，很多都收录在本套书中。因为对顿悟和渐修有切身体会，所以把书名冠以《顿悟渐修》。在这里，我把它们分享给大家，希望我的思考，能够给大家不一样的启发。

本套书与以前我曾经写过的几本书最大的区别在于，顿悟部分更充满哲思，形而上部分更加形而上；而渐修部分更充满细节，形而下部分更加形而下。在书中，我不仅提供一些硬知识，更希望对人类的投资知识体系有所贡献，希望我的一些思考能够拓宽人类关于投资的认知边界，也力求能够为一些人提供新思考、新思维和新思想。

四

书和书不一样，出书和出书也不一样。有的人出书就是为了职称或者名利，而有的人出书是为了情怀和理想。平心而论，我是一个已经出版过好几本畅销书的人了，书能带给我的荣誉（东西）我都有了，按理说，多出一本少出一本，对我意义真的不是很大。如果单纯为了稿酬，一本书的收入远远不如搞一场网络直播来得多、来得快、来得轻松，何苦呢？但是，为了阐明一些道理，我还是决定把过去几年的思考和文章整理成书。

其实写书并不是只有会表达的人才有的专利。我在《龙头、价值与赛道》的序里，就曾表述过：

> 可以想象，大多数投资者也都应该有"书写"的习惯，比如把平时的经验和小秘密写下来，把一些新发现和新规律记在小本子里，等等。其实，这与我写的书没有本质的区别，只不过我在因缘巧合的情况下，把我的"小本子"出版了、公布出来了，而很多人的"小本子"一直藏着而已。

我一直觉得，任何一个勤于总结的人，也都在默默"写书"。我之所以连续公开了几本自己写的书，其很大的缘由就是"不知轻重"地写了第一本书，一不小心把"龙头"这个词经我手变成了股市里一个非常热门的词汇，飞入寻常百姓家，被广泛引用和流传。但很多人只是打着龙头的旗号，用龙头这个好听的词来装自己瓶里的酒，结果把龙头战法搞得鱼龙混杂，龙头一词早已偏离我最初要表达的意思。为了归醇纠偏、为了阐明龙头股和龙头战法的思想要义，我不得不多写几本书，于是有了其他几本书，当然，也包括本套书。

但本套书跟前面几本又有些不一样，这套书是将我前几年创作的一些文章按照一定的逻辑重新整理而成。本来我不计划把它们出版，因为它们早已经发表在互联网世界里，但当我自己回头看这些文章，着实喜欢。特别是关于战略、战术、原教旨龙头和归因的文章，我自己都有把它们打印出来反复翻看的想法。因为每次重读这些文章，我自己都能再次触动，有的甚至看得我自己热泪盈眶：那个时候的我该有多拼，才能写出这样的东西。后来想想，与其在网上来回翻看，不如把它们变成书，翻看起来更方便。于是，我决定把它们出版。

所以，从自私的角度上说，这首先是一本为自己写的书。

当然，书一经问世，就是社会的产品，我也希望它能够启发、照亮其他人。

忘记在哪里，我曾经看过这样的话：

> 有时候我们看遍浩如烟海的东西，也无法成长，而有时突然遇到三言两语，却恍然大悟。

关键是你不知道那两句话藏在哪里。事实上没有人专门给你准备那两三句话。也许机缘巧合，在某个正确的时间、在某个该有的火候点、在某个契机里，你在某本书上遇到这两三句话。

有时候我想，也许在我的书和文章里，能让某个读者遇到这两三句话呢。如果真的如此，那我也算是一个对他人有意义的人。

当然，我也不知道我的思考和文字能不能给别人带来这种契机，有没有这样的两三句话，但万一带来了呢？如此则功莫大焉。如果没有带来，对读者也没有任何损失呀！

这就是我最终决定出版本书的起心动念。

记得有这样一句话：

自序: 礼物

假如你不能成为别人生命中的礼物,就不要走进别人的生活;
假如有人进入我的生活,我有能力认出这份礼物。

希望,本书能成为你喜欢的礼物,特此献给你!
以此:不枉你我相识一场!
谢谢!

目 录

战略性思考 001

你有战略吗? 003
绝不在非战略机会点上消耗战略性资源 006
利出一孔,将最有限的资金,集中在最核心的股票上 010
战略股与战术股:聚是一团火,散是满天星 014
战略性机会出现时,我们去哪儿了? 018
战略方向一错,0分! 022
狠和准,哪个重要? 031
胆大和"把事情做对" 033
主航道 036

最大的溢价来自主线　　　　　　　　　　038

　"主线"两个字，价值千金　　　　　　041

风格溢价：主线之外最大的溢价的秘密　　043

高手谋势不谋子，俗手谋子不谋势　　　　045

何谓势，何谓子　　　　　　　　　　　　047

势　　　　　　　　　　　　　　　　　　050

力胜战略：用力不用艺　　　　　　　　　052

力胜战略：何谓力，何谓艺？　　　　　　055

纷纷万事，直道而行　　　　　　　　　　059

明牌战略：最好的牌往往是"打明牌"　　062

阳谋战略：好股多"阳谋"，坏股多"阴谋"　069

多做"敲锣打鼓"类型的股票　　　　　　073

人渣、药渣与股渣　　　　　　　　　　　076

资金深度介入　　　　　　　　　　　　　078

那些曾经帮助过你的人，会比你帮助过的人更愿意再帮你一次　　　　　　　　　　　　　083

不要轻易"出圈"　　　　　　　　　　　086

A股的二元结构：机构与游资　　　　　　089

Think big, think long　　　　　　　　　098

股价是资金推动的吗？不，是价值观！　　100

技痒	104
捕鱼	106
高筑墙，广积粮，少打仗	108
不要为难术	110
始知在势不在法	113
精满气足	115
笨蛋，问题在"生产力"！	118
机会从来都不缺，只是有些是我们的，有些不是	122
不等待	125
什么时候"等待"？什么时候"不等待"？	130
我分析股票的重要思维：主要矛盾	134
股价是"主要矛盾"的晴雨表	138
什么才是大级别题材？答：五个共振！	142
题材的"公平性"	146
周期的三个世界	148
周期最大的价值在哪里？	151
周期价值：赛道与主角	154
凡是得不到周期祝福的高标，都是苦命的孩子	156
股市里，演员常变，但剧情不变	158
股市里那些不因涨跌而改变的信条	160

暴跌后，该反思该坚守的	164
分享一则"战略"故事	172

持股能力：最容易被忽略的能力　　175

千万不要"在主升的股票上做短线，	
在不死不活的股票上死拿做长线"	177
你为什么拿不住股？	180
龙头是一段周期内的"长期主义"	183
把短线变长，把长线变短	186
选股大于技术　持股大于切换	190
超级好的股票，犹如超级好的朋友，要长期珍惜	193
卖飞、错过好股怎么办？	198
龙头突遇"利空"怎么办？	202

战略性思考

你有战略吗？

战略是什么？

其实战略并不复杂，它主要是解决两个问题：

1. 大的先对；
2. 敢于取舍。

所谓大的先对，就是先解决整体问题，先解决大概率问题。如果大的对了，那么局部的精彩才能被放大。如果大的不对，局部越努力，越容易遭遇黑天鹅。

正是因为有第一个问题，所以就引出了第二个话题，那就是敢于取舍。如果大的不对，小的对，怎么办？战略要求我们，舍弃它。

最害怕的是，顾及局部的精彩，舍不得个别战术的华丽，而置战略于不顾。

取舍是很难的。因为你舍弃掉的，也许是有肉的，是有价值的，是可惜，甚至事后看是金光闪闪的。

但为了战略，必须舍弃。

具体到股市上，我们就会发现，机会其实时时刻刻都有。但有的机会同时符合战略的要求，而有的机会只是孤单的机会。很多人面对后者，就舍不得，因为它也是机会呀。于是就经常义无反顾，慢慢地就成了有勇无谋者。

所以，我们这篇的标题是"你有战略吗？"，其实是在问：你愿意为了战略放弃很多战术性机会吗？

我想这是一个灵魂拷问。

因为太多的人只是疲于奔命，见招拆招，看到哪里有拉升、哪里有人气、哪里有涨停，就喜欢去哪里。

殊不知，这些东西如果不在"大的先对"的前提下，是没有任何意义的。

战术的勤奋永远弥补不了战略的缺失。

所以，我们一定要有战略。

所谓有战略，就是我们思考市场的时候，先去思考大的，再去思考小的，先去追求大概率，然后再去博弈奇迹。

大的是什么呢？就是整体的赚钱效应，就是整个板块发力，就是风起云涌，而不是孤零零的个股表演。

同时，板块内部没有"老鼠屎"。什么是"老鼠屎"？就是放哨股，就是"核按钮"股。特别是，至少总龙头不能跌停。如果总龙头跌停了，你还在那个板块耕耘，你觉得你有战略吗？

所以，战略并不是虚的东西，它很实。

正是因为它实，它才管用，我们每个人做投资，必须要有战略。

只有你有战略了，你的投资才不是逮住谁算谁，逮哪儿算哪儿，而是谋定而后动，十步一杀。

绝不在非战略机会点上消耗战略性资源

对我们而言,什么是战略性资源?

答:是重重的仓位。

但还有一种资源比仓位还重要,那就是我们的注意力和心力。

或者这样说,仓位只是表象,注意力资源和心力倾向才是最根本的战略性资源。

那么应该如何分配我们的战略性资源呢?任正非给了最好的答案:

绝不在非战略机会点上消耗战略性资源!

换句话说,战略性资源只倾注在战略性机会点上。

我们的仓位和注意力，应该只放在具有战略性的股票上。那么，什么是战略性的股票？

就是龙头，
就是核心股，
就是主线、主赛道。

比如，2020年下半年，整个A股的战略性机会在价值白马，如果没有把资金配置在白马上，就是忽略了战略性机会。

比如，2021年上半年主线是碳中和和医美，夹杂一些白酒妖股，如果资金和注意力没有放在这个地方，就忽略了战略性机会。

比如，2021年中战略性的机会就是鸿蒙带来的一系列投资机会，如果对它视而不见，那就是在消耗战略性资源。

很多人迷恋技术和模式，看到一只股票符合模式，就喜欢下仓交易。其实这是战略性短视。因为技术的对，只能保证不亏，如果要大赚，必须是战略的对。

股市发展到今天，那么多技术牛人通过努力，发明了无数的技术和技巧，其中指标和工具也千千万万。战术性的、华丽性的东西太多了，很容易让一些智商高超的人陷入其中，皓首穷经。但如果没有战略性的扬弃和取舍，很容易在非战略上疲于奔命。

那么，怎么提高战略性呢？必须从赛道和选股上努力。

就拿最近一两年说，牛股辈出，独立妖股也无数，但绝大多数超级大牛股，都是诞生在一个大的赛道上。离开赛道的加持独自成为龙头的，有，但很少。而通过赛道加持成为龙头的，却非常多。

比如，仁东控股没有任何赛道加持，也能成妖。但它与长源电力、润和软件这种有赛道加持的股，绝对不是一个战略考量。

赛道的张力和底蕴，能够赋予一个股无限的可能性。在一个正确的赛道内，一旦买对一个股，很容易获得连板性机会，而非赛道的战术性买对，面临着第二天第三天就要换股的痛苦，很难持续对。

我认识一个顶级游资，他跟我说过这样一句话：

> 我讨厌卖股，如果能买到一个好股不用卖，一直拿着最好，比来回换来换去好很多。

是呀，不用卖的股票才是最好的股票。

从长线看是如此，从相对短线看来也是如此。短线也不是天天换股。

那怎么能做到不用卖？

答：战略正确，而不仅仅是战术正确。

或者说，当买股的时候，想到的先是战略量级，而不是战术量级。

其实，这篇文章是有感而发，不仅是写给大家，更是写给我自己的。我也经常在这个地方犯错误。每当犯个错误，我也会一拍大腿，学胡林翼一样骂一句：笨人下棋！

经历这么多龙头走来走去，我最大的感慨是，如果只在已经证明的龙头上找战术性的机会，要比优化任何战术好很多。

今后我的自选股里，应该只放战略性的股票，起心动念，应该只为战略性的机会而动。

注

当我们在思考战术对的时候，是否想过，也许正在犯着战略性的错误。这种错误是容易以正确和高超的面目出现的。记得美国有位高人说过一句话："笨蛋，问题在战略。"我深以为然。

选择把思考放在心里，还是写出来鞭策自己，也是一种战略。我选择与诸君共享我的思考。因为分享的过程，也是难得的整理自己思考的过程。而分享出去之后，很多具有战略思维的朋友，也会跟我交流碰撞，大家都会因此而进步。

这，何尝不是战略？

利出一孔,将最有限的资金,
集中在最核心的股票上

我认识一个牛人,最让我佩服的不是他的"炒"股能力,也不是他的技巧和高招,而是他在关键时刻集中仓位干大事的能力。

这位高人大多数时候仓位比较分散,有时候甚至"开超市",但他一旦发现大机会,就迅速把其他仓位腾出来,合兵一处,重仓攻击。

他是我知道的在 2020 年的白酒上赚得最多的人之一,也是 2021 年在顺控发展上赚钱最多的人之一。更让我佩服的是,他也是在小康股份上重仓赚大钱的人。

很多时候我以为我跟他差在技巧,后来我才知道,我跟他差在战略——集中力量办大事的战略上。就是将资金优先集中在最能出活的股票上。

这句话看似简单,背后却承载着无限魄力和战略高度。苏世民曾说过：

> 做大事和做小事的难易程度是一样的，
> 那就给自己一个远大的目标，尽量做大事。

同样，在仓位上，我认为：重仓一个股票和轻仓一个股票，对一个人注意力的占据有时候是一样的。10%的仓位和50%的仓位，都需要用差不多的精力去关照。

既然如此，为什么不把大部分仓位放在最确定的仓位上，然后用100%的精力去关照？

这就是本文要讨论的战略思想：一旦我们在某个具有生产力的股票上拥有最大的确定性，就应该给它配置最大的仓位。合兵一处，力出一孔。

其实这个思想，在我读任正非文章的时候也经常看到。任正非把这种思想叫压强原则：

> 将有限的资源集中于一点，在配置强度上大大超过竞争对手，以求重点突破，然后迅速扩大战果，最终达到系统领先。

为了把这一点说明仔细，任正非曾经写过这样的文字：

> 坦克重达几十吨，却可以在沙漠中行驶，原因是宽阔的履带分散了加在单位面积上的重量；钉子质量虽小，却可以穿透硬物，是因为

它将冲击力集中在小小的尖上。二者的差别就在于后者的压强更大。同样的道理应用到企业战略上，就有了"压强原则"。

同样的道理用在股市上，就是确定性集中原则，调集兵力集中围攻一个确定性的股票。

当然，这个前提是出现"出活"的股票，即具有战略性、方向性的股票。

或者是龙头股，
或者是核心趋势股，
或者是最确定预期差的股票，
或者是最能代表市场方向的股票。

一旦市场上出现这种股，就要以百倍的精力和全部的注意力倾注在上面。

我很佩服的一个大佬，为了集中精力做好小康股份，把所有的群都解散，以免受到任何杂音的影响，全心全意做小康股份。

无独有偶，2020年的时候，同样是一个大佬，他锁定要做光大证券，然后自己主动闭关，不参加任何活动。

这就是全部精力和注意力的倾注。这也是压强原则。

军事上有个词叫范弗里特弹药量，源自美国的一位中将。他极力主张以猛烈火力消灭敌方有生力量，减少己方的损失。有一次，范弗里特问参谋打赢那一场战役需要多少弹药。当时，参谋告诉他一个数字，然后范弗里特说，那就打出去 5 倍的弹药量。这个军事术语背后，其实是一种加大赢面的竞争策略，把有限的资源，聚焦在特定的领域，投入压倒性的资源。

"范弗里特弹药量"也是任正非常用的一个词语。用其话说：我们的资源和技术有限，一切都是有限的。如果把资源搞得太分散，我们就没有办法成功。

这些虽然是军事上、企业战略上的说法，但是我觉得和股市投资很相似。

很多时候，我们不是缺乏发现好股的能力，而是不能在一个好股上用尽我们的"范弗里特弹药量"，倾注足够的仓位和注意力。

这种思维和做法，就是战略能力，而非战术的能力。

对级别的识别，远远比对战术的识别重要。而给级别配备足够的仓位，集中足够的资源，又比"炒"股本身重要。

正如索罗斯所言，看对看错不重要，关键是看对的时候你赚了多少！

当然，这一切是建立在一个基础上，那就是方向对。至于方向，我们后面会重点谈到，并把它定义为最大的战略。我们的战略性思考环环相扣，应该结合起来看。

一旦解决了方向问题，确定了战略性的股票，就要敢于合兵一处，利出一孔。

战略股与战术股：聚是一团火，散是满天星

在上面的战略文章中，我写道：

遇到好的战略机会，要敢于利出一孔，集中力量办大事。

不同的人，对其解读是不一样的。就像同一部电影、同一部小说，不同阅历的人看完感受不一样，有人哭有人笑。

境界和段位不同，从文中读出的感觉不同。

有人说，这不就号召全仓全部投入吗？

我不知道为什么，我的文章重点写的是战略级别的识别和注意力集中倾注，而有些人读到的是全仓。

那篇文章精髓其实就是下面的一段话：

做大事和做小事的难易程度是一样的,那就给自己一个远大的目标,尽量做大事。同样,在仓位上,我认为:重仓一个股票和轻仓一个股票,对一个人注意力的占据有时候是一样的。10%的仓位和50%的仓位,都是需要差不多的精力去关照。

既然如此,为什么不把大部分仓位放在最确定的仓位上,然后用100%的精力去关照?

这就是本文要讨论的战略思想:一旦我们在某个具有生产力的股票上拥有最大的确定性,就应该给它配置最大的仓位。合兵一处,力出一孔。

集中力量办大事,是多么痛的领悟。

这句话有两个关键词:

集中力量

办大事

很多人只看到"集中力量",而没有看到"办大事"。

其实,我的文章并非表达一买股就全仓,而是表达资源与战略量级相匹配,如果是大机会,就集中力量,如果是小机会,不要分散太多战略力量。

最佳状态应该是:聚是一团火,散是满天星。

当战略机会来的时候,那就是凝聚成一团火,集中攻击。如果是战术性机会的时候,就分散仓位,这样可聚可散,既敢于打大仗,又能打好平时的小仗。

大仗就是战略性机会，小仗就是战术性机会。

好，这里我们引出两个概念：战略股、战术股。

什么是战略股？有巨大基本面和预期差驱动，一旦被挖掘，就可以翻倍，甚至5到10倍的股。

什么是战术股？仅仅符合信号或者买点，而没有强大的基本面驱动，没有预期差的股票。

我们知道，很多股票没有基本面动力，没有预期差，也能大涨，有的也能成为龙头，但拥有基本面预期差的股票，成为龙头的确定性和级别性更高，更具有战略价值。

比如，中金公司、九号公司、沪硅产业、小康股份、王府井、道恩股份、英科医疗这样的股票，都是因为基本面的驱动力和强大的预期差走出来的。

当然，有基本面预期差的股，不一定能被资金认识，并不一定能成为龙头。它一旦被资金相中，就很容易成为龙头；一旦成为龙头，就具有战略价值。

既然战略股这么好，为什么还提战术股？

因为这两点：第一，战略股稀缺；第二，纵使战略股不稀缺，但每个人识别战略股的能力无法无缝对接，所以不可能时时刻刻都能做到战略股。

那么这个时候，战术性的机会，还是要做一做的。

毕竟，人非圣贤，孰能不手痒？

或者说，做战略性股票，有依赖平时做战术性股票所积累的盘感和状态。就像拳击，狠狠一拳，有赖于多次试拳。

但一定要区分清楚，哪一笔是为了战略出手，哪一笔是为了战术出手。

一旦是为了战略，就要调集绝大部分兵力，投入全部注意力，力出一孔，并尽量承受震荡和波动，格局大一点。

如果是为了战术性出手，可以分散兵力，见好就收，不需要什么格局。

千万不要眉毛胡子一把抓，把任何股和任何信号都平等对待。同样是突破新高，同样是仙人指路，同样是打个板，同样是低吸一个股票，在不同的股票上，其意义能一样吗？

在战略股上，是为了抓住一次千载难逢的机会；在战术股上，仅仅是套个利。

这种战略意识和对机会的级别区分，才是我最想分享给大家的。

战略性机会出现时,我们去哪儿了?

我听马未都讲过一个故事,故事是这样的:

20世纪80年代末期,我去上海。上海当时有一种商店叫"友谊商店",主要赚外国人的钱,但是中国人也能买。

我在那儿看到一个碗,很漂亮。当时,商店也认为这个碗是民国时期的仿制品,所以可以卖。碗底贴着一张口取纸,写着编号"55-1964",大概是1964年进的库。标价多少呢?

外汇人民币3万元。

那时候提倡争当"万元户",1万元都少见,何况3万元,还是外汇人民币。

虽然我拿不出3万块钱,但架不住喜欢啊,每回到上海,先奔友谊商店那个柜台,把这碗要出来,翻来覆去地看,看完再还给店员。

魂牵梦绕了半年,终于,这碗被别人买走了。

那是 1988 年，我又去上海，到了友谊商店，一看碗没了，心就凉了。感觉像是漂亮的"校花"被"校草"牵走了。

第二年，香港苏富比拍卖会，这个碗——乾隆时期的珐琅彩黄地开光胭脂红山水纹碗——拍了 792 万元，是被日本人买走的。

从 3 万元到 792 万元，短短半年之间。

看到这个消息，我何止心凉了，连脚心都凉了。早知道是这个结局，当初借钱也得把它买下来啊。

又隔了 9 年，到了 1997 年，这个碗重新上拍。那时候日本经济下滑嘛，把碗拿出来变点儿现。拍了多少钱呢？

2147 万元。几乎是它买进价的三倍。

今天如果再把这个碗拿出来拍卖，最低估价一个亿。

一个亿啊，曾经就摆在我的面前，让我捧了无数遍，那么多次机会我都没有把握住。

过去就没了，剩下的就是一个故事。

我不知道诸位听完这个故事是怎样一个感受，于我而言，主要有两点：

1. 识货能力；
2. 决策能力，下狠手。

故事中，马未都后悔的原因既有下手不够狠，又有遗憾自己当时没有足够的识货能力。

他很喜欢，凭直觉知道那是个好东西，肯定不止 3 万块，他其实也能买得起。为什么没有下狠手？最主要的就是不知道事后拍卖出来的价值那么高。

套用我们投资领域的话来说，就是不知道"预期差"那么大！

这个故事引起我对投资的极大思考，那些平凡的思考我就不在这里分享了，主要分享一个最大的感触：

当惊天动地的"稀世珍宝"出现时，不能用平凡的态度去对待。

国宝级的东西出现时，不能当成普通机会，应该理解为千年等一回的机会。

我们的投资实践中会遇到很多机会，大多数是普普通通的，是平凡的，但偶有一些惊天动地的机会。

对于机会，我们不能按照"兵来将挡，水来土掩"的统一策略去应对，而应该对每个机会先进行定性判断和级别分析，一旦发现某个机会具有惊为天人的气质，应立即调动战略性资金去倾注。

千万不要对所有的机会等而视之。

马未都之所以在宝碗面前迟迟不下手，最主要的原因就是他把它当成一件普通的文物，没有真正意识到它的"惊天动地"性。

我也常常思考，其实在前面的文章中也提出过，一定要把机会分为战略性和战术性的。

也许我们平时的交易，绝大多数是战术性的，一旦战略性的机会来临时，则必须倾注我们最大的心力。

所谓聚是冰千丈，散是漫天雪；聚是一团火，散是满天星。

但对于大部分人来说，漫天雪和满天星的时候多，冰千丈和一团火的时候少。

我们最需要反思的，不是战术性的机会我们不会去应对，而是那些战略性的机会出现时，我们去哪儿了。

我们是不是太喜欢用同一种态度去对待所有的机会，结果当惊为天人的机会出现时，我们依然"按部就班"。

或者在我们的意识里，根本就没有想过：还有惊天动地的机会？

或者根本就没有想过去迎接那些"关键几笔的交易"。

因为太喜欢应对平凡了，太疲于应战了。

而当惊天动地的机会出现时，反复讨价还价，为了计较尺寸之利而与重大机会失之交臂，同样也是一种大的遗憾。

股和股不一样，有的股必须斤斤计较其买点，因为这种股平凡，失去一个，马上还有一堆，急着追高买干吗？

而有的股，一旦错过，也许要等好久，这种股，你去计较高几个点低几个点干吗？

我想马未都最大的遗憾也应该是在这里。

当重大战略性机会出现时，我们既不要困在平凡的见识里，也不要困在蜗牛角上的买点里。

战略之所以是战略，是因为它可以放宽战术的要求让我们去追求。

你说呢？

战略方向一错，0分！

战略，通常是指方向性、全局性、长远性的东西。

后两个一个是空间，一个是时间，都很重要。

但我认为，最主要的还是第一个——方向。因为它是定性、原则和是非问题。

方向的对错，是战略的根基，其对结局的影响是根本的。

举个大家都熟悉的例子，第二次世界大战中的苏德战场，德国纳粹曾一度势如破竹，为什么最终战败了？

朱可夫认为最大问题就是希特勒的战略方向失误。希特勒分兵多处，而不是集中朝着一个方向毕其功于一役。德军在列宁格勒、莫斯科、基辅之间分兵，在斯大林格勒和高加索之间也分兵。这种分兵让后勤补给线漫长的德军无法集中战争资源拿下任何一个目标，最终失败。

姑且不论朱可夫观点的对错，就朱可夫看问题的方式而言，明显的是战略式思维，特别强调战略方向的重要性。

我曾听过一个军事家的演讲，他的观点更极端：战略方向一错，0分！

没错，只要战略错了，直接被判定0分。

方向是根本，如果不在方向上取得成绩，任何战术的收获都不值一提。

对方向的把握，不但在战争中如此，投资也是如此。投资是没有硝烟的战争。

当然，投资有时候战略方向没有那么清晰，需要不断试探，甚至试错。一旦战略方向清晰了，就应该立即投放战略资源，押重我们的仓位。

下面我以润和软件为例，来分析这个问题。

2021年6月上半旬，市场的热点其实很多，但几乎很多热点都短命。曾经有段子手这样写道：

本周A股股民经历了三胎一日游、鸿蒙一日游、传媒一日游、旅游一日游、浦东一日游、次新一日游、印花税一小时游。

其实当时并看不出鸿蒙就是方向。因为鸿蒙诞生之初很多人不看好它的持续性，股价涨上去之后，又跌下来了。大家都认为见光死。

这种情况下，我们应该怎么办？

如果从战术出发，应该是找一个形态和盘口都很好的股票。但我觉得，这不够战略。

因为我深知，没有方向加持的股票，无法走远。于是我一直观察谁会代表方向。

当时我相对看好上海概念，上海概念的核心是陆家嘴。很多人说上海的优惠政策是伪造的，是造谣，是假的，但我不这样认为。因为我觉得没有人敢在这个问题上造谣造假，更没有人造假造得那么专业。于是，我觉得上海的股票可能是方向，就积极备战上海的热点。

但上海后面公布一个消息，我觉得这个方向值得怀疑了。什么消息呢？我们看原文：

全国人大常委会拟授权上海市人大制定浦东新区法规

中新网北京 6 月 7 日电（梁晓辉 李京泽）十三届全国人大常委会第二十九次会议 7 日开幕。记者从会上获悉，为建立完善与支持浦东大胆试、大胆闯、自主改相适应的法治保障体系，推动浦东新区高水平改革开放，打造社会主义现代化建设引领区，全国人大常委会拟授权上海市人民代表大会及其常务委员会根据浦东改革创新实践需要，遵循宪法规定以及法律和行政法规基本原则，制定浦东新区法规，在浦东新区实施。（完）

【编辑：刘湃】

这个消息利好性不够，无法引起资金形成一个方向性运动。其实，从另外一个角度也能验证，如果上海的股票能形成方向性运动，陆家嘴应该一字板才对，结果陆家嘴开盘竞价才 +3.66%，折腾了 20 分钟左右才冲到涨停（见图 1-1）。这说明，上海这个方向可以战术正确，但无法战略正确。

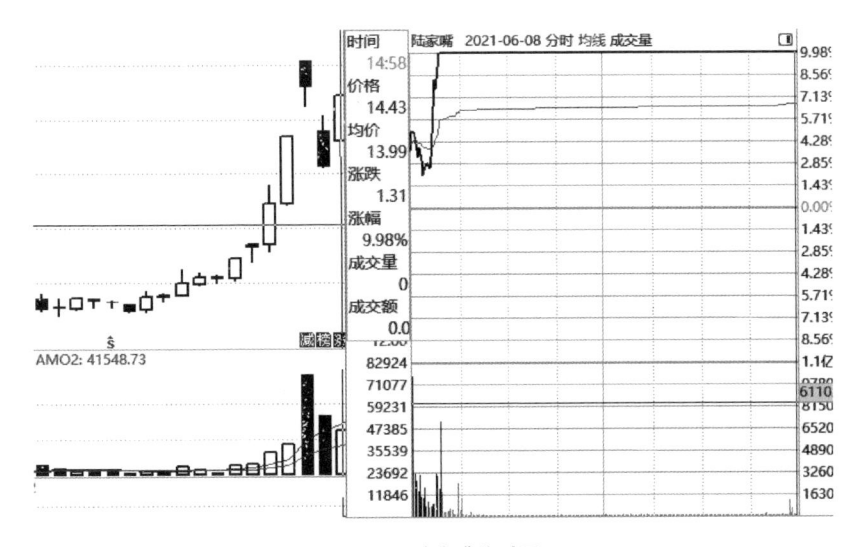

图 1-1　陆家嘴分时图

于是，我就再去想其他方向。

当时，明确证伪的是医美，医美因为朗姿的减持和暴跌，虽然无法说明这个赛道完蛋，但至少说明这个赛道内伤严重，短期无法恢复元气。

朗姿股份于 6 月 4 日晚间披露股东减持计划。根据公告，公司实控人的一致行动人申炳云（实控人申东日和申今花的父亲）拟通过集中竞价交易或大宗交易等方式清仓减持其持有的 1987.69 万股公司股份，占公司总股本的 4.49%。按照朗姿股份公告日收盘价 63.65 元/

股进行测算，此次减持的市值上限达到约 12.65 亿元。

对于减持的原因，公司表示：申炳云先生年事已高，本次减持系其本人生活安排和资产规划的需要。

医美方向被暂时放弃后，我又想到碳中和，但是碳中和的后起之秀以及最有潜力的新秀出问题，又让我犯嘀咕。后起之秀是福建金森，见图 1-2，它以"核按钮"结束了自己的命运，最有潜力的新秀浙江新能居然连个连板都无法做到。

碳中和这个局面，也不像方向性的运动。剩下的是谁，我看到了另外一个股，那就是柘中股份，它超预期的走势，说明它的赛道值得关注。其中的核心就是它与华为若明若暗的题材关系，突然让我觉得华为和科技，也许是方向。这个时候，我就密切关注华为。

而华为作为今年的暗赛道，曾经成功加持了小康这个大牛股，那么鸿蒙会诞生下一个小康吗？

沿着这种思维，我把鸿蒙的核心股放在自选股了。当时一个走势反复在我脑海里浮现，见图 1-3：

图 1-3 是鸿蒙代表股润和软件的走势，当时虽然浮现它的影子，但对它是否代表方向，我还不是很确定。

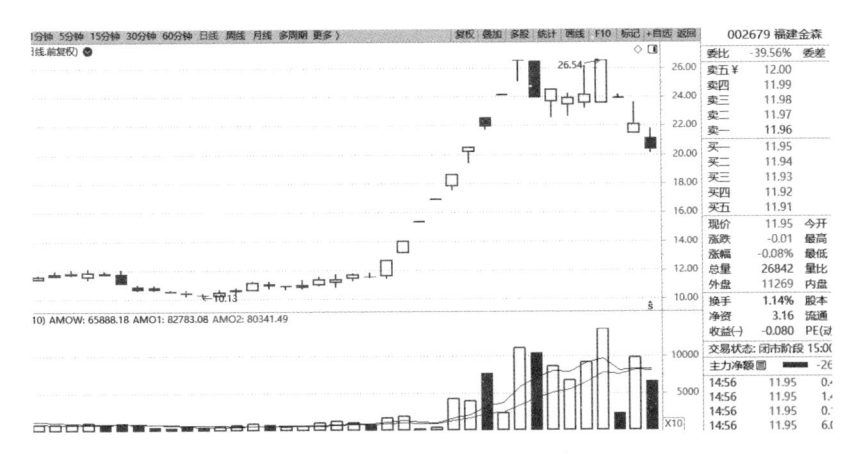

图 1-2 福建金森走势图

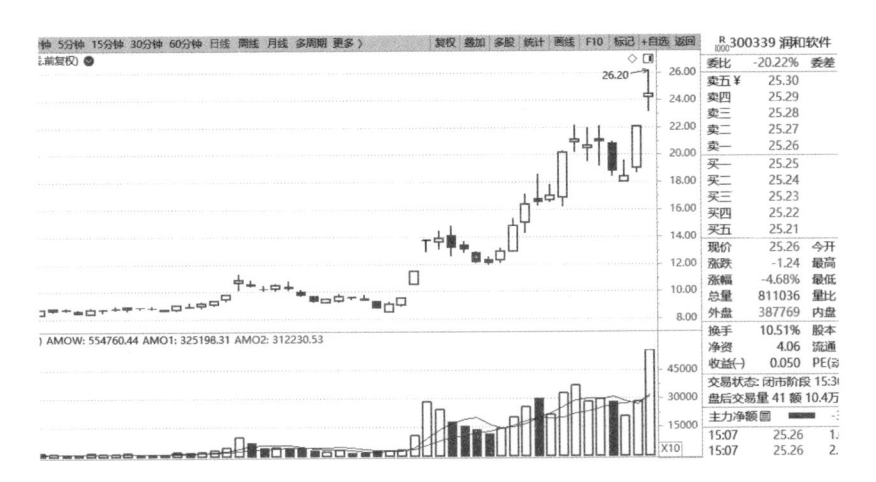

图 1-3 润和软件走势图

因为,鸿蒙这个概念,多次被炒作,有点"老"。不过,除了"老",它没有任何缺点。

于是我就把它放在自选股，只是放着，并没有战略重视。因为我还不确定它就是方向。

什么时候确定它是方向呢？是周三，当时的分时图如图1-4所示：

其实在上午的时候，我也没有定性它是战略股，甚至到下午拉升的时候，我还没有清晰地反应过来。直到它冲击涨停的过程中，其他软件股已经风起云涌了，我才突然意识到，这是集体运动：软件股票，不是个股性机会，而是战略性机会。这不是一个股的交易，这是一个方向。

图1-4 润和软件分时图

在我做出这个判断的一刹那，重仓直接迎着润和软件就扑面而来。那一刹那，我确信，我是在为战略开仓。

当天晚上，天降祥瑞，出现了一个新闻，原文如下：

【华为鸿蒙 OS 升级用户一周突破 1000 万】财联社 6 月 9 日讯，今日，从华为内部人士处获悉，截至目前，HarmonyOS 升级用户已经突破 1000 万。(澎湃新闻)(来自财联社 APP)

我一看，会心一笑。第二天还是加仓机会。因为方向对了！

后来呢，后来就是现在了，它长成了下面的样子，如图 1-5 所示：

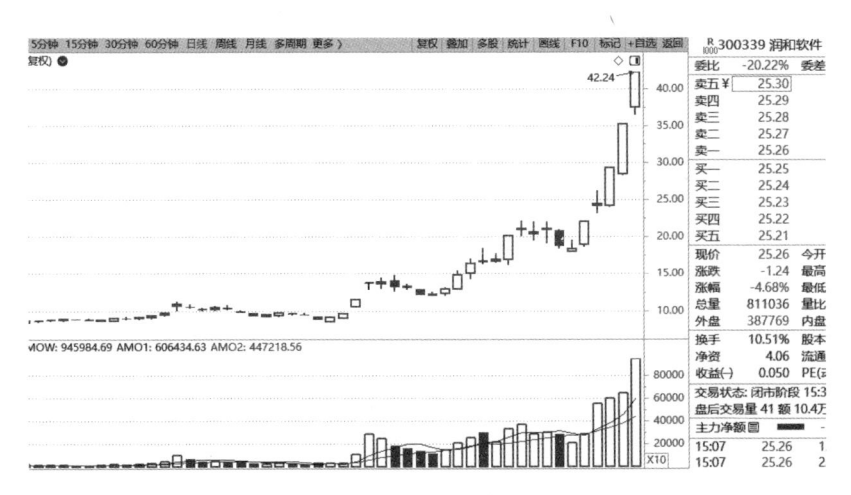

图 1-5　润和软件走势图

这就是我从方向上去思考润和软件的全过程。其实战略并不虚，就是多从方向上去思考问题。这种思考不是不要战术，而是把战术置于战略的统辖下，在战略量级对的基础上，把自己的力量打出来。

绝不在非战略机会点上,消耗战略性资源!这句话换种说法就是:一旦市场出现战略性机会点,必须倾注战略性资源。

什么是战略性资源?

就是你的仓位,以及你的心力和心念。

狠和准，哪个重要？

在成长的路上，我见过很多高手，当然很诚心地向他们学习请教。

我发现一个重要的现象：高手大多数都狠！

所谓的狠，就是重点主义，喜欢重仓，甚至围绕一个股猛干。

最开始，我以为成为高手的条件就是是个狠人！这个认知曾让我疯狂，也让我付出了很大代价。

因为有段时间我迷上了重仓，甚至全仓。那个时候，我总结以前的我，得出一个结论：不敢全仓，不敢赌一把，所以裹足不前。看看那个谁谁谁，人家翻倍速率那么快，不就是因为人家敢重仓一个吗？

当我把这个"认知"强加给自己之后，胆子就大起来了，动不动就重仓。

我相信，有些人是这样快速成长的，但需要两个条件。我们先说外部条件——运气周期，或者说市场，特别契合他的风格。如果重仓发生在这种情况下，那肯定就是多次翻倍速度很快。

你们也会遇到一些大佬，也会经常发现，仿佛他们的成功就是敢于猛干，敢于重仓。

这容易给人一种错觉，胆量和狠劲，是成功的关键。

可是，当我们真的去这样实践，就发现我们太肤浅了。别人重仓也许连续翻番，轮到自己也许会叫苦。

后来，我经过反思才发现，大佬的成功，最大因素不是狠，而是准！

所谓的准，就是选对股，选对大周期，或者说选对自己的运气周期，然后才是狠。

否则，狠带来的一定是伤痕累累。

投资首先要解决的是准，或者说提高成功率，提高识别机会的能力，其次才是狠。

当然，这里也并非说狠不重要，我确实见过很多大投资，他们都具有狠的特质。但我也深知，还有更多狠人，只是因为狠，没有了准，或者没有了自己的运气周期，最后不知去向。

所以，准和狠必须匹配，才能发挥威力。

无准，则狠没有前提。无狠，则准没有级别。

今后，不仅要在狠上下功夫，更要在准上下功夫！

更关键的是要搞清楚次第！

解决了准，再去狠。

胆大和"把事情做对"

归因问题、归因能力一直是衡量一个人水平和境界的重要标尺。

比如,对成功人物、成功的操盘手、成功的游资、成功的企业家、成功的军事家,很多人会事后总结:

他们成功是因为胆大。

刘邦胆大,李世民胆大,赵匡胤胆大。赵老哥胆大,章建平胆大,××哥也胆大,经常满仓重仓嘛。

如果一个人的归因和总结是这样的,只能说明他陷入了一种逻辑旋涡,那就是把一件轰轰烈烈的大事,或者一种传奇的功勋,抽离其综合框架,简单化为胆量问题。

其实,任何一个大人物或者任何一番大事业,胆大是表象,最根本的原因是天纵英才,是主人公的天赋赋予了他胆大。

或者这样说,是主人公把"事情做对""把事情做好"的能力,而不是大胆本身，才让英雄出世。

如果简单地将成功归因为胆大，那么项羽应该成功，因为他比刘邦胆大。樊哙应该比韩信牛，因为他比韩信胆大。而王世充、窦建德乃至李密这些人，也都不比李世民胆小。

历史如果细看，成功人物的成功，并非因为胆大，而是办事之能。你如果只看到了胆大，那么说明你浮躁、肤浅，或者说，你喜欢把历史进行心灵鸡汤式的、庸俗化的归因。

我的观点是，但凡大成就的人，其首要的成功因素是把事情办对，把事情办好，其次才是胆大。胆大的最大意义是把前者的成果放大。如果前者不行，那么胆大就放大了愚蠢和遗憾。

还有，我观成功人物，观我见到的顶级游资和机构大佬，他们是大胆，但都具备心细的一面，而且获得最大成就的那一段还有运气加持。也就是说，获得最大的成就的原因，是才干、心细、运气，最后才是胆大。如果这个顺序颠倒了，其结果只能是成为牟其中、陈友谅、李自成、吴三桂之辈。

我们如果再把视野放宽，再看看国外，那些成功的大企业家，比如乔布斯、马斯克、比尔·盖茨等人，他们的大成就更是因为把事情做对，而不是因为胆大。

我写这篇文章并不是劝大家胆小。事实上，办大事必须有惊人的勇气。但如果把勇气放在做事能力之前，则注定是灾难。

或者说，如果才干和运气驾驭不了胆大，则胆越大，越可怕。

我们不能仅看到胆大成功的，也必须看到胆大失败的——当然，那些人也许永远不会晒，也不想发声。所以，让大家误以为胆大者就容易成功，而不知道胆大者失败的更多。

艺高人胆大，并不是胆大艺就高。再说通透些，认知是决策层面的事，胆大是执行层面的事，二者不可或缺，但缺乏前者更致命。

这篇文章是我近距离观察所认识的成功人士的心得感受。很多人的成功绝大部分是因为认知，是因为个人的天赋，并不是因为胆大。

如果我们仅仅把胆大一项提炼出来，作为豪言壮语，那不仅是一场误会，更可能是一场不归路。

除非拥有足够的认知和才干，能驾驭得了胆大。这个时候的胆大，才是有意义的。

胆大者，不用劝，天生会胆大。胆小者，如果没有认知和运气，为了胆大而胆大，则会失败。提高认知才是第一位的，不要为了胆大而胆大，等认知提高了，自然就胆大了。

主航道

龙头离不开主线。

那什么是主线?

答:主线就是主攻方向、主赛道、主流。

龙头大多数诞生在主线,如果没有主线的支持,龙头是难以走远的。那些夭折的、半途而废的龙头,大多数就是在非主线上折腾。

就拿2022年后来看,诞生了三个超级大龙头:浙江建投、中国医药、天保基建。这三个龙头分别隶属于基建、新冠治疗与房地产,无不是2022年的超级航道。

基建是2022年春节后第一天启动的航道,新冠治疗是在节后的事件驱动中发酵的板块，房地产则在最近如火如荼的逆境反转航道。

如果不在这三个赛道上，可能会成为一个小龙，但是成为超级大龙头的可能性比较低。

比如，锂电池、白酒股中也想诞生龙头，怎奈赛道不支持，所以，顶多走出趋势小龙。

再比如，次新股、光伏股、氢能源、5G也曾跃跃欲试，复又归于平静，主要原因也是没有来自赛道的支持。

赛道的主线性，类似于一个人的努力具有家族背书和组织支持，其力量会连绵不绝，其靠山会无限强大，其小弟会风起云涌，其走势当然也会不断超预期，于是就成了超级大龙。

所以，我们选择龙头的时候，不能只见树木不见森林，一定要问问自己选的股是哪个赛道，在不在主线上，有没有偏离航道。只要在这个地方思考清楚了，你的交易才具有战略性。

而你选的股才能扎根于最广袤的土壤，翱翔在最无限的天空！

最大的溢价来自主线

股市最大的溢价，不是来自信息，也不是来自图形趋势，而是来自主线。

如果你买的股票所在的细分子行业能够成为未来一段时间的主线，那它的生产力将超过任何东西。

或者直接说，主线本身才是最有生产力的东西。

这与很多人的认知可能不同。我见过太多的机构或者游资，它们把最大的时间和精力放在对信息的收集上，也有放在对图形好坏的好恶上。

但我们经常发现，无论你收集的信息多么劲爆，如果股票不在主线上，那些信息往往都容易成为哑炮，甚至成为套住你的东西。

每天我们可以发现无数电话会议、无数公告和新闻、无数小作文，它们挖掘和分享到的基本面消息不可谓不独家和深刻，但是能驱动股价持续上涨的，往往不多。

即使有，也是与主线吻合的那部分基本面消息起作用，而不是信息本身。或者这样说，起作用的表面看是信息劲爆，但本质还是主线的加持。

凡是不发生在主线上的利好、信息，都难以持续发力，而发生在主线上的任何风吹草动，都容易掀起浪涛。

主线上、主线发力，在主线上挖掘信息和寻找趋势加强股，才是享受溢价最好的做法。

所以，我们每收集和挖掘一个新的、让我们激动难眠的东西，都要问问自己，它是在主线上吗？

如果是，恭喜自己，放手干吧；

如果不是，悠着点，也许是空欢喜一场。

所以，我们操盘者，最敏感和最重要的任务，就是要保证自己的操作紧紧锁定在主线上，不出圈，不跑偏，不离开主线去单干。

当然，如果你是超级长线投资者，可以不管这个，因为超级长线的溢价一定来自企业本身的持续盈利能力。

但凡是你的持股不超过一个月的，都要把对主线的思考放在第一位。

主线在哪里？

主线级别有多大？

主线还能不能持续？

主线在机构和游资那里的认可度如何？

主线背后是否获得国家政策的支持?

反复去思考和揣摩这些东西,把它们凌驾在个股的信息面和技术面之上,才是最智慧的做法。

"主线"两个字，价值千金

我认为离开主线，你什么都不是。

别看市场红红火火，但是有很多股票还在跌。别看你在主线上吃肉，还有很多被主线边缘的股在挨打，被市场蹂躏，凄凄惨惨戚戚。

真是"朱门酒肉臭，路有冻死骨"。

此"朱门"就是被主力资金宠爱，特别是被公募加持的主线。

我曾为这个道理写过文章，当时的题目是"最大的溢价来自主线"。

结合这段时间的行情，我发现这个道理越来越极致。在主线上，不是龙头也没有关系，大家都一起吃肉喝汤。但离开主线，纵使是前排股又如何？

所以，主线是最大的溢价之源。

当市场炒作大模型软件的时候，硬件被冷落。那个时候硬炒硬家伙是不行的。但当市场宠爱硬件的时候，你发现软件的东西暂时被搁置。

软的和硬的，还是 AI 内部的事情，那些离开 AI 的就更惨烈了。所以，千万不能离开主线，不要被主线边缘。

我以前看关于狼的纪录片的时候，发现一个可怕的词：落单！

什么意思呢？就是被狼追逐的动物，比如羊、鹿、牦牛等，千万不要被大部队落下，一旦落下，就落单了。

落单，就意味着死亡。

如果把大部队当成主线，那么我们做的股票就不要偏离这个主线群，一旦离开，就是落单，就意味着账户在流血，就像被饿狼咬死。

聚焦主线是须臾不可忽视的。

记得有个机构说担心 AI 没有业绩，去做了新能源，并说新能源有业绩，结果新能源一直被冷落，而科技持续到今天。

我跟这个机构的人员交流的时候就说，你们在最大主线这个地方的观念偏了。

你们的观念认为，股价由业绩决定，我则认为，长期看股价由业绩决定，但是中短期，股价由主线决定。

即使是业绩，也要看未来业绩的预期决定，而不是过去业绩的兑现。不信，去看看中远海控和九安医疗，它们的业绩都非常好。

关键不是业绩，而是在主线上的业绩，或者说，在主线上。

这才是灵魂。

而主线，则是中短线的灵魂。

风格溢价：主线之外最大的溢价的秘密

前面我们分享过一个观点：最大的溢价来自主线。

今天，我们再来分享一个关于溢价的观点，这回我们谈的是风格。对，风格也会产生很大的溢价，不过这种溢价跟主线产生的溢价不一样。

主线的溢价属于内因，属于内容和本质，而风格的溢价属于外在，属于市场参与者的集体行为特征。

二者是有内外之别的，但都是溢价的源泉。

那么什么是风格呢？

风格就是最近的市场流行以什么"形式"来完成赚钱效应。通常，可以从以下角度去看：

  20厘米还是10厘米
  连板还是趋势

大盘股还是小盘股
第一波还是第二春
领涨股赚钱为主还是补涨股赚钱为主
价值类股赚钱为主还是股性股赚钱为主
……

这些就是风格。

如果说主线的溢价是回答在哪里赚钱，那么风格就是回答以什么形式赚钱。

一旦市场形成赚钱的风格，风格具有独立性，这种独立性自己就会带来溢价。

比如：

市场总是奖励 20 厘米的股票，那么资金就倾向于在 20 厘米那里战斗；

如果市场奖励大盘股，市场总是去发动大盘；

如果市场奖励妖股，那么市场就是妖股辈出；

如果市场奖励 ST，ST 也能飞上天。

这就是风格的溢价逻辑。

懂得了风格溢价，我们就可以把这个溢价叠加在主线溢价上。

某个主线，一旦成为市场的核心，我们就在里面去找最符合市场风格的股票，而不是符合自己好恶的股。这样的溢价和效率，远远大于自己的我执。

这就是我们的溢价思想。

高手谋势不谋子，俗手谋子不谋势

曾经有很长一段时间，我沉迷过模型招式，那段岁月"充实而激动人心"，几乎每一天都能发现新的模型。但那段岁月也是在走最弯的路，花费了好大的精力也不能说完全跳出。

也有很多朋友经常问我：怎么看盘口？怎么看分时图？怎么看竞价？

遇到这些问题，我经常哭笑不得。

说其不重要吧，肯定是矫情。说其重要吧，绝对会把人推向一个很大的弯路上去。

分时和盘口，是一个比招式模型更加短、更加微观的东西。它和招式模型一样，都属于微观战术的内容。这个东西，只有解决了"大级别的正确"之后，才变得重要而迫切。

如果大级别的东西没有搞定，微观的战术越多，越会陷入疲于应战的境地。

经常有很多朋友跟我说，明明一个浩浩荡荡的股票，为什么总是卖飞？原因当然很多，不过一个重要的原因就是把一个"整体宏观"的股票，拆开割裂成若干段来看。而拆开割裂的工具，就是各种模型和招式。

有的人嫌拆开得还不够，还要从分时图上去拆得更零碎。

拆开本身也许没有错，但陷入拆的执拗而无法"整回来"，问题就大了。

一个东西，本来是一个整体，如果你从旮旯里去分段拆解，肯定会得出很多华丽的东西。这些东西本身具有魔力，你拆着拆着就喜欢上它们，会上瘾，而忘记它们是一个整体。眼里只有片段，而无全段。

思维也容易陷进去，遇到任何标的，都先从片段去思考，而不是从气势上去思考。

这种情况，古人早就有告诫。

先人有云："善弈者谋势，不善弈者谋子。"

势就是浩浩荡荡的整体布局，子就是其中的具体招式。

我们要做高手，就必须把最大的情感和精力，用在谋势上，而不是在子上一惊一乍。

一会儿烂板，一会儿高潮，一会儿弱转强，一会儿放量，让微观牵着鼻子走，累不累呀！

谋好势，守住势，让它折腾去吧。

何谓势，何谓子

关于势和子，我们要通透地理解。

同样一句话，不同的段位，理解不一样。

何谓谋势？何谓谋子？不同的人，就有不同的理解。我的理解如下：

> 凡是日内的东西，容易沦为子，而拉长的东西才可能成为势。
>
> 凡是孤立的个体，容易沦为子，而关联起来的东西才可能成为势。
>
> 越是智者，越喜欢从势上寻求解决方案，而普通人，则喜欢从子上寻求解决方案。

此即为智者谋势不谋子，愚者谋子不谋势。

这并非说子一点儿不重要，而是说，谋好势的子，才具有考量意义。否则，容易因小失大。

举个例子：

当一个板块纷纷"核按钮"的时候，你非要去用盘口分时图的强弱去看个股，则容易陷入只谋子而不谋势的狭隘。

当你看到整个板块都在同一方向上运动，然后你的个股符合大势，此时的细节和盘口，才是真的具有细节和盘口的意义。

再比如，纵向浩浩荡荡，没有加速、没有放量、没有板块颓势的个股，即使盘口和分时出现某种洗盘，此子亦难以撼动整体之势。反之，疯狂过、加速过、所有该来的都来过，甚至板块指数也动摇过，此时哪怕分时和盘口很躁动，势已经不能保护子了，个股再强又如何？

谋子永远在谋势之后，保证大的先对，再去思考小的。此种战略关照，方为智者思维。

举个过往不远的例子：光大证券，如图 1-6 所示。

光大证券的这一天，是一个名副其实的分歧。到底能不能低吸？能不能做 T？

如果仅仅从模型和战术上，也许你能找到好几个理由做它。诸如首阴啦，人气股分歧低吸啦，龙回头啦，等等。

但这些都是谋子。如果从谋势上看，一句话就够了：

这一天，证券板块没有一个活着的，势无孤成。

我不管盘口和模型如何，我仅仅从谋势上看，它没有一点儿可以再谋的了。而此时，再多的绝活，还有什么用呢？

无势可谋，谋子枉然呀！

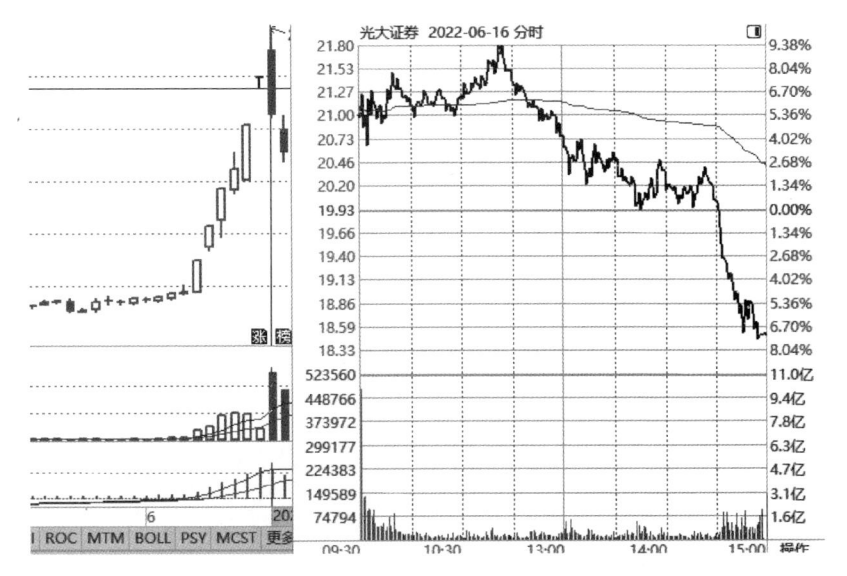

图 1-6　光大证券走势图

除非，第二天势来了，我再做它的反包。比如，带金融和证券的，如果有人敢于集结成势反扑，那么我再去顺势反攻它，如此才能更安全。

这才是势的思维，而不是子的思维。

跳出局看局，才能看清楚局。

谋子者，如果不谋势，哪怕穷尽天下招式，也容易落入下流。

势

股价为什么涨？

也许是基本面，也许是技术面，也许是博弈面，只要你愿意，你可以找到无数个解释。

每个解释，并没有对错，只有维度差异和价值观差异。

我的观点是，股价涨的最大动力是势。当然，我不否定基本面，也不否认什么指标之类，但如果要选出"最大"动力，我觉得势得票最高。

这里的势不仅仅是趋势，还包括赛道景气度所凝聚的势，也包括整个市场周期所构成的氛围。

这个势，是我最看中的东西。

当一个股票势在的时候，任何利空都不怕，任何洗盘也不怕，量化机器人捣乱也不怕。而势不在的时候，再多的利好也是枉然。甚至，利好会加剧亏钱。

利好，只有势在的时候，才会显现它的价值。但很多人忘记势，单独记住信息。于是，用利好信息套其他股，一套一个亏，然后又埋怨其他。

其实，本质上是利好是否与势合。

如果按照这个思路找股票，我们要先得势，然后再去找利好。否则，容易一堆利好，越跌越深。

这其实也是股价运动规律的探讨，这个问题很深刻，这里我也不一定能全部用文字解释清楚。

但是"势"，怎么强调都不为过。

无势之利好，是很多人亏损的根源。有势之利好，才是我们真正应该重视的。

有些时候，某些人越努力越亏钱，本质原因就是在没有势的时候，去找可以证明做多的蛛丝马迹。

结果，凭运气赚的钱，凭本事亏回去。

如果要说运气，得势就是最大的运气！

力胜战略：用力不用艺

很多朋友炒股，喜欢追求术：

最准的指标，
最好的技术，
最巧的买点，
最炫的绝招，
……

以前我也是这样，现在我还残留其中的某些成分，但这些东西必须超越才能获得股市的本质和究竟。

因为一个成熟的交易者，境界越到最后，越应该感觉到：重剑无锋的势远远大于巧夺天工的术。

一个好的股票，一个好的买点，应该是要超越术的，或者说不是用术去买，而是感受其力道去买。所谓的力，就是它的力量和动力，而非它的指标和巧点。

或许我没有说清楚，我要表达的是：

一个横冲直撞、浩浩荡荡的股票，比一个形态完美、指标精致的股票好一百倍；

一个力量型的股票，比一个技巧型的股票，好一百倍；

一个敢冲的、头铁的股票，比一个精心策划、巧妙拉板的股票，好一百倍；

一个向你呼啸而来的股票，比一个什么都完美但就是不敢呼啸的股票，好一百倍。

我记得《红楼梦》上有一句话：机关算尽太聪明，反算了卿卿性命。用术，就是机关算尽，用力就是天纵英才。

我现在越来越喜欢那种策马扬鞭的股票，越来越讨厌那种机关算尽的股票。

褪去所有技巧，还原龙头的最本质——力量！

一力降十会。

而术者，艺也。

当一个股票需要反复用艺才能搞定，我认为已经没有什么意思了。好的股票，用力不用艺。

这句话我认为很重要，多强调几次：

用力不用艺!

用力不用艺!

用力不用艺!

力胜战略：何谓力，何谓艺？

学武术的时候，师父经常爱说一句话：用意不用力。

这里的意，是意念，意识。

比如，"练拳之时如有人，交手之时如无人"，就是在平时练拳的时候，哪怕是一个人对着空气打拳，也感觉在跟对手交战，假想有个敌人。而当真正面临敌人的时候，要感觉如无人，视对手如无物，蔑视他，该怎么出手就怎么出手。

此为用意。

当然，用意不止这么多，还包括内视、内观。

"意"和"艺"不一样。我说的"艺"是指技巧、招式。武术上的用意不用力，是指化境之后如入无人之境，而我把这句话改变为"用力不用艺"是指：

顺应力道而不是着迷于艺道。

前几天我公众号写了"用力不用艺"之后,很多朋友就联想起武术上的"用意不用力",仿佛觉得我说错话了,其实没有。

我当然知道"拳打千招无定式,技到无心方为真",我并不是反对术和艺。相反,我觉得艺高人胆大,炒股也是一门艺术。

但这里艺术和过于用"艺"和"巧"是两回事。

怎么说呢?我给大家讲讲《孙子兵法》吧。我曾经看过北京大学教授李零讲的《孙子兵法》。他说他曾经看外国的军事著作,也跟外国的军事研究者交流,他说外国人对中国的兵法有看法,什么看法呢?就是:

中国的兵法崇尚的是"巧""诈",所以《孙子兵法》特别强调:"兵以诈立""兵者,诡道也"。其实就是喜欢声东击西、围城打援、虚者实之实者虚之。

而外国的兵法多崇尚"力",崇尚对抗,无论武器还是军事力量,讲究力胜。

这个观点对不对呢?我也不是很懂得兵法,所以无法给予评论,但曾记得当我读到这一段的时候,内心受到很大的震动。

从那一刻开始,我内心就崇尚力量。

当力量不够的时候,我觉得人才去崇尚技巧。

也恰如一句话:才不足则多谋。

其实这句话原文出自清代学者金缨的《格言联璧》,完整版如下:

才不足则多谋，

识不足则多虑，

威不足则多怒，

信不足则多言，

勇不足则多劳，

明不足则多察，

理不足则多辩，

情不足则多仪。

当一个人有大才情大智慧的时候，用不着雕虫小技；当一个人大富大贵的时候，用不着一些砍价的技巧；当一个人力大无穷内功深厚的时候，用不着四两拨千斤。而天天纠结于技巧者，必是力不足也。

股市也是这个道理。

如果市场好，如果某个股正在浩浩荡荡地走主升浪，不需要天天讲究一些指标和技巧，不需要看着分时图一惊一乍，顺着力道就可以了。而当行情衰弱，个股进入调整，已经没有上冲的力量和势能的时候，哪怕你斗智斗勇，穷尽你所有懂得的招式，也不是好的投资。

也就是说，好的投资，不需要你用太多的艺，当你用太多的艺的时候，它一定不是好的投资。

好的股票、好的投资时机，应该是力量型的，其走势如高山滚石、如泰山压顶、如长江大河一般，节节贯通，滔滔不绝。

好的股票，应该是力量的顺势奔腾，而不是指标的四两拨千斤。

当需要用各种指标才能搞明白的股票，不做也罢。

多去感受力道强弱来交易，而不是过于依赖技巧去买股。

此即用力不用艺。

也即"重力不重艺"！

纷纷万事，直道而行

有个朋友是超级大佬，是做龙头股的泰山北斗。他把我送他的新书《龙头、价值与赛道》给他还在上高二的女儿看。他女儿周末看完后，昨天给她爸爸选出两个股：九安医疗、雅本化学。

当他把整个事情跟我说后，我内心一惊：天赋异禀！

孩子用最纯粹的眼光去感受市场的最强阵眼在哪里，往往最能做到"所见即所得"。

我跟一个朋友聊天，他也说了一句让我感慨的话："那帮人今天才知道九安医疗是龙头。"

为什么说今天才知道？

因为很多人数板数惯了，一会儿九子夺嫡，一会儿谁晋级谁卡位，一会儿弱转强，在术的世界里流浪太久，对眼前最强的事物大摇大摆浑然不觉，以至于到今天才知道九安医疗是龙头。

龙头是什么？如果我们忘记所有的术，用内心去感受，就像前面的孩子一样，一定能感受到最近这些天，A股有一个股票：它鹤立鸡群很久了！

它用精气神，而不是用指标告诉市场，它才是龙头。

九安医疗成功比拼掉一群股票成为龙头，靠的就是精气神。换句话来说，九安医疗是用力不用艺。

什么叫艺？

就是骚操作、骚动作，比如尾盘回首掏，盘中玩惊险，分时图玩怪异，等等。

我们可以看看九安医疗过去的所有走势，完全不玩这一套：

它靠的是赛道面和基本面的加持，靠的是每日资金硬打硬进无遮拦，靠的是势大力沉，香象渡河，截流而过！

它几乎没有一日靠四两拨千斤，几乎没有一日非要去卡谁，几乎没有一日非要去跟谁比板数多。

九安医疗前进的路上，完全是"结硬寨、打呆仗"，不走捷径，没有小动作。

其实，最近这二三十个交易日，几乎是龙头战法教科书式的演绎，竞争龙头者多如牛毛，被选为龙头接班人者也是熙熙攘攘，而市场最终选择了没有任何华丽动作的九安医疗，恰恰说明了一个最大的道理：

龙头，

靠势不靠巧！

靠直不靠曲！

靠力不靠艺！

恰如一位老革命军人（他13岁从军，参加过抗日战争、解放战争和抗美援朝）教育他的孙女的一句话。故事是这样的，这位老人的孙女想从事演艺事业，他知道后，给她写了八个大字：

纷纷万事，直道而行！

这八个大字看得我差点流泪，不愧是老革命！在这里我们共同记住这八个字，与诸君共勉。

注

本文写于2021年12月27日。有个朋友看完这篇文章后感慨，他刚做股票情绪好，很轻松就可以找到龙头，因为不懂，所以纯粹，没有杂念，现在他反而没有这个能力了。因为懂了一些，反而失去这个能力了。

太沉迷细节，反而忘记龙头。

大部分交易者都是如此，走着走着就成了技巧的研究者和发烧友，其实龙头用心感受才容易走入最高境界，用术容易入下流。

明牌战略：最好的牌往往是"打明牌"

所谓"明牌"，就是利好信息公开之后、秘密大白于天下的股票。

所谓"打明牌"，就是去做已经大白于天下的股票。

很多人对于暗牌情有独钟，但对明牌重视不足，认为明牌已经众人皆知，没有意义了。其实，这是很大的误解。

相对于暗牌，我认为一个交易者更应该培养打明牌的能力。

为什么？

其一，暗牌含信息差，它奖励的是挖掘和获取信息的领先性，奖励的是信息差的价值。但明牌含理解力差，它奖励的是一个人对信息的解读能力，它奖励认知价值。作为一个交易者，最大的价值不在于你时时刻刻都掌握比别人领先的信息，而在于面对一个已经公开的信息，你知道该怎么用，该怎么让这个信息在你那里的价值远远大于你的对手。

交易者很多时候像个厨师。对于大厨来说，最大的价值在于烹饪。烹饪的原料，即食材，很多时候大厨无法决定。但衡量一个大厨好坏，在于同样的食材你要做得比别人好吃。交易者也是如此，交易者的信息基础就类似大厨的食材，衡量交易者水平高低，在于面对同样的信息，交易出不同的境界。

这就靠理解力了。而理解力，是交易者的核心能力。

对于一个交易者来说，获取领先信息的能力固然重要，但最重要的是处理信息和解读信息的能力。

其二，龙头战法的本质就是明牌战法，因为龙头需要人气和市场地位。而人气和市场地位的获得，需要把信息公开，接受群众检阅。群众和市场认可的，才能成为龙头。

正是基于这种认识，我曾经常在小范围内说一句口头禅：

龙头就在众目睽睽之下；
龙头就在大摇大摆之中；
龙头就在街谈巷议之间；
龙头就在口口相传之畔。

其三，从历史上重大事件和重大牛股的回溯来看，最大涨幅都是其明牌阶段，而不是暗牌阶段。也就是说，一个股的利好和信息公之于众之后，其涨幅往往比之前还要大、还要猛。这一条是我强调打明牌的最大、最核心理由。

这个地方是本文的最重要的内容，为了说明这一点，我们来多举几个例子。

案例一：中国南车，后改名中国中车。如图 1-7 所示，第一条竖线之前的暴涨，在于暗牌，即中国南车和中国北车合并，停牌之后直接翻倍。这个暗牌，很少有人能赚大钱，因为知道信息的人很少。但，如果你认为错过暗牌就错过这个股票，就大错特错了。事实上，在这个股票上赚到大钱的人，很多是在之后才入场的人。明牌参与者，才是中国中车的最大获利者。后面的涨幅，远远大于之前。即使后面的上涨之中，也有明牌和暗牌之分。第二条竖线当日，中国南车和北车公告合并通过，提前知道这个暗牌的，获得三个涨停板。但该股涨幅最大的是打开涨停之后，市场自发地根据对这个消息解读，又让它涨了 6 个涨停板。我相信，凡是把这 6 个涨停板拿到手（赵老哥曾经在该次战役中，一战封神）者，一定不是信息差大师，而是理解力大师。拥有信息差的，往往公告后几个涨停板就卖了，而拥有明牌理解力者，

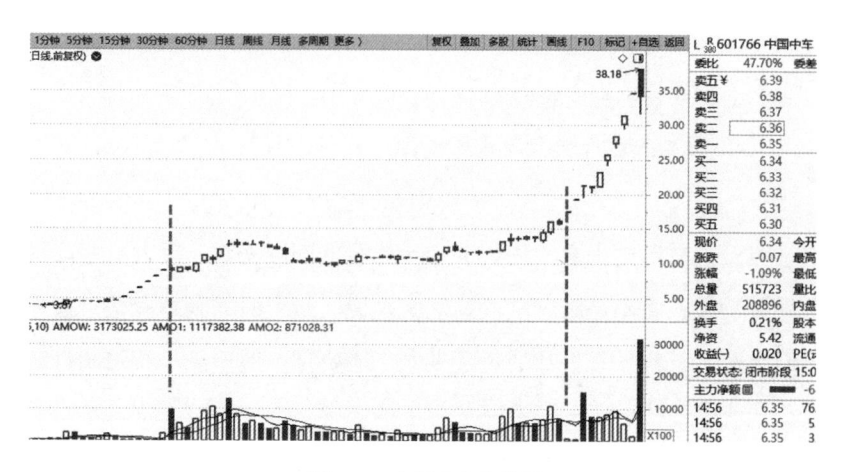

图 1-7　中国中车走势图

能够一直把后面的主升浪吃掉。

案例二：王府井，如图1-8所示。很多人没有在王府井上赚到大钱，归咎于没有提前知道免税牌照的信息。但这种认知很不负责任，因为王府井大涨是在已经公开其申请免税牌照之后。我们看第一条竖线之处，那一天晚上王府井公告说自己申请免税牌照，关键是这一天上涨才刚刚开始，该股最大的涨幅是信息公开之后。其实，我也认识一些朋友，他们拥有信息优势，但他们很多就是赚一两个板就走了，后面的大钱没有赚到。而我有一个朋友，一点信息优势也没有，却在这个股上赚了很多，原因在于他"理解"了这个股。

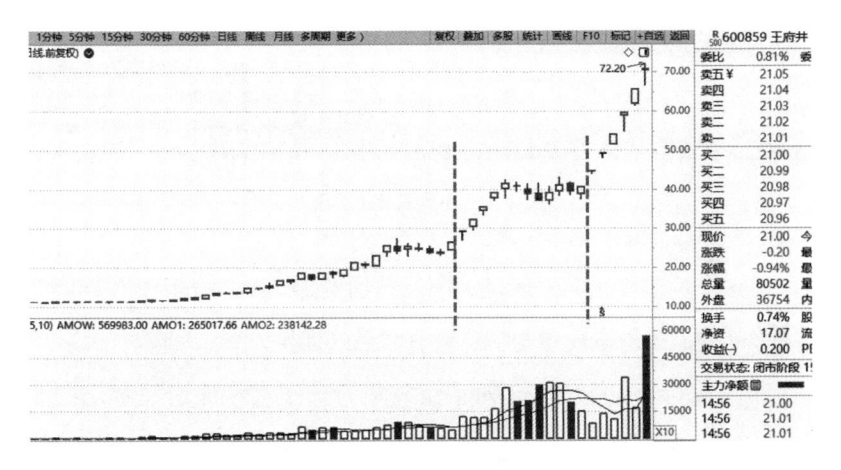

图1-8 王府井走势图

案例三：小康股份。如果上面两个例子离我们还比较远，那我举一个刚刚过去不久、对我们冲击比较大的例子——小康股份。这个股我本人也深度参与，所以我很有发言权。如图1-9所示，该股的信息公开之处就是图中画竖线的地方。当时，余承东亲自站台，小康和华为深度捆绑的消息被公开。提前拥有这个"暗牌"的人，一般都能拿到连续两个涨停板。但大阴线跌停当日，很多人下车了。他们认为利好出尽，炒作结束。

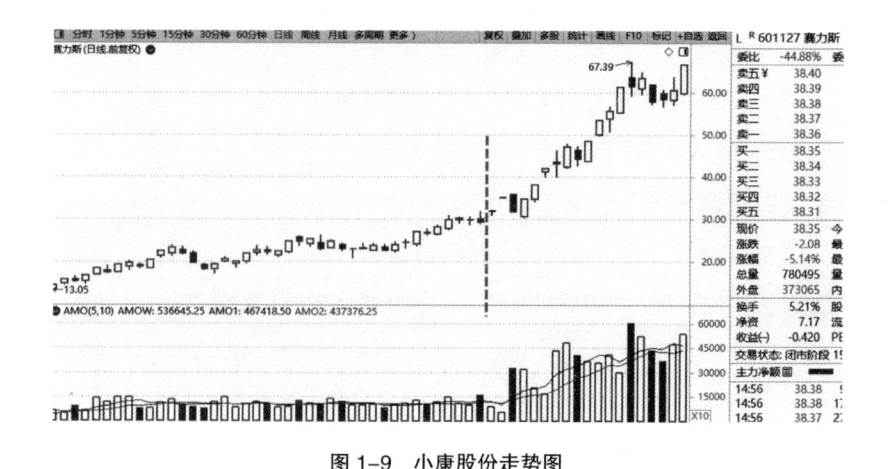

图 1-9 小康股份走势图

但这个股票真正的上涨是大阴线之后的那一段。很多在这个股票上赚大钱的人，是重仓参与消息公开之后的那拨人。

那拨人的核心能力在于对小康与华为合作事件深刻理解，在于对该股股性的深刻理解。也就是这个股，更深刻地坚定了我的投资哲学：

> 基于公开信息分析来获得自己的投资优势；基于对股性的分析来获得投资优势。

案例四：润和软件，见图1-10，这个案例离我们更近，也更有冲击力。润和软件依托鸿蒙而涨，其真正的大涨是从华为把鸿蒙开源并捐献给国家那天开始，但那是公开信息，之后该股才开启主升浪。也就是说，这个股的大涨是信息明牌之后，大家对信息理解的深化。通过这么多案例，我们可以清楚地看到，历史上很多大牛股，其最大涨幅和最精彩的部分，都是在明牌之后，而不在明牌之前。

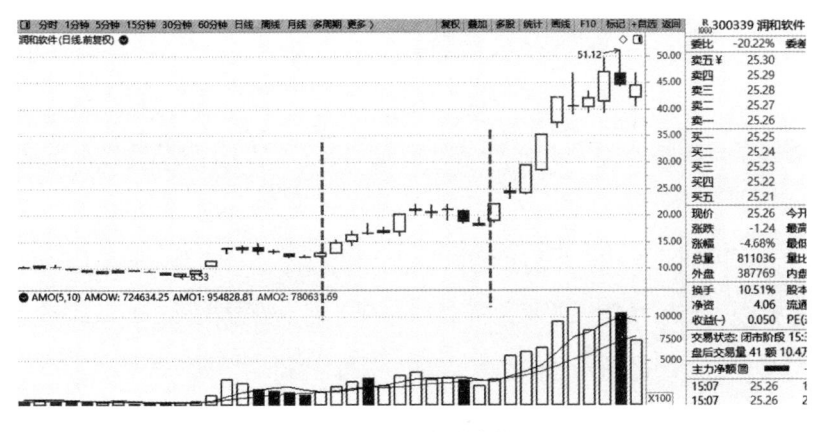

图1-10 润和软件走势图

所以，当你无法获得最新信息的时候，不需要怨天尤人，也不要气馁和悲观。只要你的信息解读能力够强，你不会错过最气壮山河的那一段。

与此同时，即使你有信息优势，也不要太乐观。如果你没有深度理解信息的能力，很有可能把一副好牌打得稀巴烂。

我写这篇文章并不是否认信息的价值和资讯的优势。事实上，我本人也非常在乎最领先的信息。为了获得信息，我每天会阅读海量的资料，也与北上广深很多资讯最前沿的朋友广泛交流。

但我必须提醒大家，最好的信息不一定是别人不知道的信息，而是那些已经公开的、已经被大家知道的信息。

这样说可能很多人不认可，但我依然坚持我的独立思考。

很多人花费过多时间去打听别人不知道的信息，而对已经公开的信息重视不够。甚至有些朋友直接把已经公开的信息当垃圾来处理，觉得消息见光了，就没有价值了。

事实上，这是对交易的不尊重。

从对历史牛股的回顾来看，很多大牛股最精彩的一段、最美丽的风景、最鲜衣怒马的旅程，恰恰是出现在它们变成明牌之后的时光里。

正因如此，我们今后再遇到任何一个已经公开的新闻和消息，都不要因为它已经变成明牌，就对其熟视无睹，恰恰相反，要从战略上高度留意一切已经公开的消息。因为宝藏，往往就藏在里面。

> 作为一个交易者，大部分时间和精力应该花费在消息公开之后，去研究它如何影响事物的性质和级别，去研究它如何与市场共振，而不是把大量的时间和精力花费在押宝和猜测下一个尚未公开的暗牌上。

阳谋战略：好股多"阳谋"，坏股多"阴谋"

越来越感觉到，真正的好股票，大多是"阳谋"。而那些你知、我不知，天知、地不知的"阴谋"股，是最难炒的。

但世人最想打探的就是那些尚不为人所知的各种隐秘消息，也就是阴谋。其实，这往往容易浪费很多精力和时间，且效果未必有做阳谋类的股票好。

上文我就分析过，最好的牌其实是"明牌"，也就是阳谋。

为什么阳谋股往往是好股？

第一，阳谋股没有消息地雷。

因为它的上涨和炒作，不是基于一个别人不知道的消息，而是基于稍微看下公告就能了解到的逻辑和基本面。既然不把股价上涨寄托在一个未公开或者别人不知道的消息上，那么就不存在消息证伪和踩空的风险。

第二，阳谋股靠的是力胜，而不是谋胜。

所谓力胜，就是用压倒性的力量去取胜。而谋胜，则是靠"三十六计"去取胜。恰如这么几句话：

才不足则多谋，
识不足则多虑，
威不足则多怒，
信不足则多言，
……

当一个大人要跟一个3岁的小孩打架时，完全用不着躲闪腾挪、声东击西。我们古代谋略文化过于发达，反而让人忽略了力胜的价值观。

当力量对比悬殊的时候，绝对不会用阴谋；只有力量差不多，求胜心切，才会用阴谋。

对于股票，我喜欢以拳击的心态去看。两市几千个股票，我把它们当成几千个拳击手。力量强大到不需要四两拨千斤的拳击手，才是我最想押注的拳击手。

这种思路，就是阳谋的思路。

第三，聚焦。

市场上好的阳谋股很清楚，就那么几个。如果你的交易风格是做阳谋类的股票，其实选股范围很窄，也很聚焦。这比天天听各种消息更省力。

阳谋股属于力量型，属于杀鸡偏用牛刀型。这类悬殊力量对比的股票不多，如果热衷做这类的股票，其实会让自己的交易风格更加聚焦。交易机会也更少。

第四，阳谋股是市场经过多种力量对比后的综合选择，阴谋股往往容易陷入自我意淫。

这一点我认为最重要。为什么阳谋股好？因为阳谋股是市场的选择，而阴谋股往往是自我的选择。

市场是终极裁判，阳谋股是市场屏蔽各种偏见和我执之后，做出的最终选择。这种选择考虑了基本面、技术面、情绪和各种伎俩。

阳谋股还代表取胜之后的胜利者的姿态。只有在同赛道竞争取胜的股，才敢以阳谋的姿态出现在市场上。

总之，阳谋类的股不确定性最少。在阳谋类的股票上做，我们不用再考虑选股问题，不用再考虑各种雷，只要考虑介入和兑现的节奏就可以了。

前段时间，很多人跟我聊起美股，说美股最好的几个股票都是阳谋，比如苹果、亚马逊、微软和谷歌，而中国股市多阴谋，各种消息提前布局，各种内幕。

但我发现，A股也在越来越奖励阳谋者。最近，无论是价值的牛股还是情绪的牛股，往往也是在打明牌，走阳谋。比如2020年的茅台、爱美客、道恩股份和豫能控股，2021年的江特电机、北方稀土、顺控发展和三峡能源，都是逻辑和基本面大白于天下，按照阳谋的套路去炒的。

可能有人问：为什么别人宁愿花那么多时间去找阴谋股，也不做阳谋股？

因为认知和价值观的问题。很多人认识不到，或者根本不相信阳谋股有生产力。他们总是相信信息优势才能产生生产力。

其实，阳谋股不但有生产力，而且往往最有生产力的股票就是阳谋股。回顾一下历史，那些曾经让我震惊的股票，现在回想起来，就是在用阳谋，比如万科、深发展、茅台、方大炭素、中国中车、顺控发展。

而那些历史上最大的坑，往往就是阴谋和套路搞的鬼。

所以，今后选股，我们要尽量选择阳谋股，让自己的股票：

天知、地知、你知、我知，大家也都知！

多做"敲锣打鼓"类型的股票

股票和股票不一样。

有的股票,你需要挖地三尺才知道它炒什么;有的股票,你读无数页的研究报告还不知道它到底能不能成;有的股票,你根本就不知道它为什么炒、为什么涨。

相对于这些,还有一种股票可谓另类,因为它"敲锣打鼓"地向你述说它为什么涨,它最近发生了什么,它的一切几乎都明明白白地告诉你。

它不需要你去勾兑,不需要你去打探内幕,去做擦边球式的调研,也不需要有多年研究功底才能搞明白,它简单、直白,上涨的逻辑一清二楚。

最关键的,它的一切不仅你知道,天下所有的人都知道。它不遮遮掩掩,不藏藏躲躲,它几乎明牌地告诉所有人。

这类股，我把它称为"敲锣打鼓"类型的股。（我也把这类的股称为"阳谋股"）

我们炒股，要尽量多去炒这类股。

因为这类股，不考验"内幕消息"，不考验"人际关系"，它只考验你的理解力。

换句话说，它公平。

你只要水平到了，只需要看最公开的新闻就可以了，不需要担心被内幕消息黑。

这类股把最大的逻辑和炒作点敞开给你看，你可以明明白白地知道它为什么涨。而且，你不需要名牌大学的学历，初中生的水平就能看明白。

这类股的一举一动都有无数媒体跟踪报道，任何小作文都无法单独藏私，这类股敞开牌跟你打。

这类股不玩高大上的词汇，不玩英语单词，不玩化学名，不玩物理名，这类股妇孺皆知，你对这类股的产品和逻辑的熟悉度跟那些博士研究生相差无几。

这类股不在"阴谋处"为难你，只需要你理解它"阳谋化"的市场行为。

这类股，比的是阳光下的力量，比的是趋势下的交易能力。

当然，这类股也有尽头，也不可能永远涨下去，可这类股一旦成为市场的风眼，就会反复给你带来公开的机会，而且这种机会不藏不躲,敲锣打鼓地告诉所有人。

即使这类股见顶,它也是以敲锣打鼓的方式,有自己标志性的见顶信号,不会让你去猜测和幻想,不会浪费你的时间。

一句话,这类股,清澈见底,至性至情!

多做这类股,少做躲躲藏藏的股。

人渣、药渣与股渣

遇到人渣后,你是跟他理论,还是绕开他?

如果你跟他理论,哪怕你赢了,你也是输了,因为你输了时间,更输了"不值得"。遇到人渣最好的处理方式就是绕开他。

狗咬你了,你难道还会去咬狗吗?

并非你理论不赢他,而是没有必要把时间和精力浪费在不值得的事物上。

渣,一般是指精华或汁流干后剩下的东西。比如药渣,就是指药物有效成分熬尽后剩下的东西。哪怕是人参、鹿茸,一旦变成药渣,意义也就不大了。我忘记是在哪部电影里看到一个片段,有些人被当成药,后来成了药渣,面黄肌瘦,形容枯槁。

当然,这种叫药渣,不是人渣。因为人渣是指品德败坏的人。但无论如何,带上渣总归不好。

其实，看股有时候跟看人差不多。

有的股票表里如一，涨跌有序，这种股我们叫好股，无论低吸和追高，都有章可循。而有的股跟渣男差不多，喜怒无常，涨跌无序。

如果让我们选择，我们会选择哪类股做？肯定是前者。

选择后一类股票，哪怕你赚钱了，你也亏了。因为你把时间和精力都放在跟"渣类物种"斗智斗勇上。这与本文开始提出的问题"遇到人渣，你是跟他理论还是绕开他"是一个道理。

股性如人性，谁都喜欢跟敦厚、耿直的人打交道，谁都不喜欢跟三头六臂七十二心眼的人去斗法。

人生中，最大的幸运是遇良人；股市上，最大的幸运是遇良股。

而良股，多在阳谋中，多在排山倒海的阶段。

我们尽量用最多的时间和精力，去选择那种排山倒海、表里如一的股，而回避飘忽不定、喜怒无常的股。

资金深度介入

我把市场群体资金重点围攻的行为称为资金深度介入,具体到赛道和个股,称为资金深度介入的赛道和股票。

有人可能会问,这与放量有什么不一样?

当然不一样。放量行为一般是量柱或者量比的增大,但资金深度介入不仅仅指这个,它至少还包括以下特征:

资金持续介入;
资金反复介入。

资金深度介入;
资金大量介入。

注意到没有，我把资金大量介入放在最后一项，而把持续、反复、深入的资金介入放在前面。

资金深度介入和放量的区别还是非常大的。放量仅仅是孤立的行为，或者偶尔几次的行为，而资金深度介入是持续不断的行为。

就像打仗，资金深度介入是指多次冲锋，反复争夺，重兵把守，屯兵百万。

回到股市，资金深度介入的股票，就是市场最在乎的地方。这个地方一般是最容易产生大牛股的地方。

需要说明的是，这里的"资金"是指主导资金。所谓主导资金就是一段时间内最活跃的资金。

这个最活跃的资金在不同的时候是不同的。有时候公募最活跃，那么它们的风格就是市场的风格；有时候产业资金最活跃，产业思维的股票就成了市场的风口；还有一些时候，为了引导资金行为，国家队最活跃；还有另一些时候，山中无老虎，猴子称大王，大资金平稳，游资揭竿而起。

但无论什么时候，都要用心感受市场上最兴风作浪的资金，然后重点知道它们深入介入的股票。

其实这类股票不需多，只要发现，反复在上面操作就可以了。辗转腾挪，波段操作，反复介入，补射围攻。

也许这样说不够具体，那我就用具体的例子来诠释我认为资金最深度介入的股票。

它们分别是：省广集团、诚迈科技、盛和资源、晶方科技、方大炭素。见图 1-11 到图 1-15。

图1-11　省广集团走势图

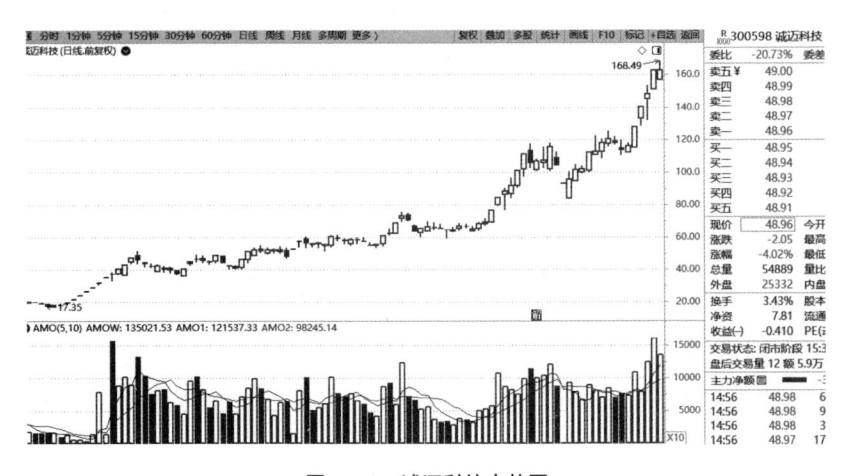

图1-12　诚迈科技走势图

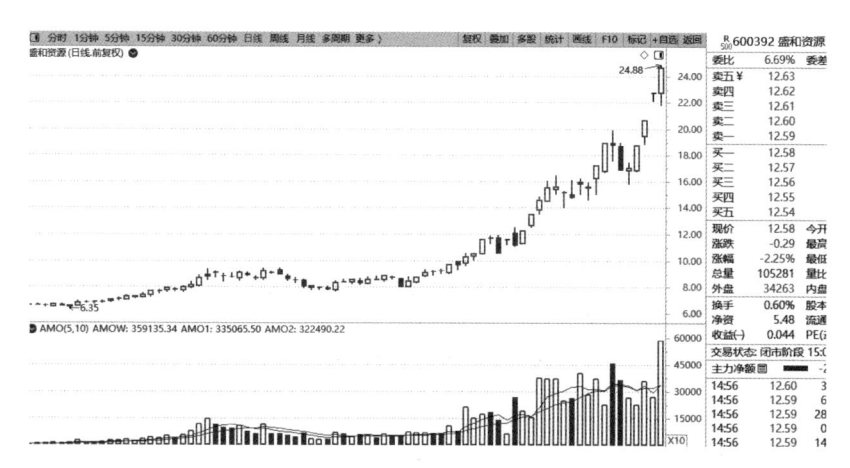

图 1-13 盛和资源走势图

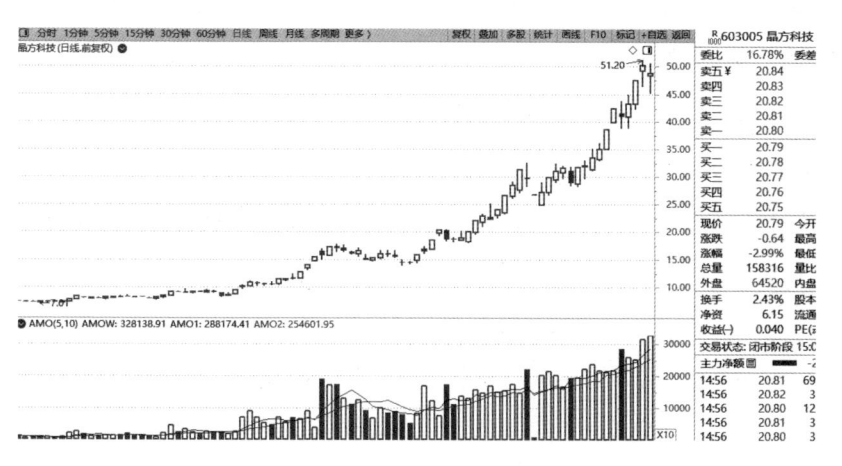

图 1-14 晶方科技走势图

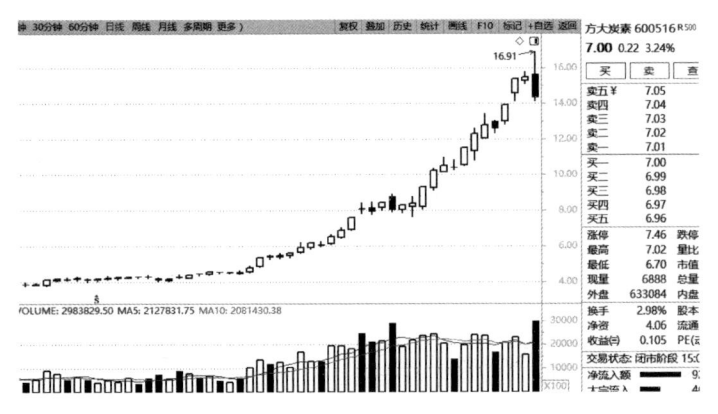

图 1-15 方大炭素走势图

这类股票一个重要特点就是反复、多次，而且代表当时最主流的赛道。

这类股票其实也是一种抱团，是大资金抱团核心股，而不是各自为战。大家思考股市不要机械，不要一提起抱团就想起必须是茅台，难道抱团其他股票不是抱团？

其实抱团的本质是资金在某个赛道某个股票上深度介入，力出一孔，利出一孔。

其实，任何时候，各自为战都难以产生超额收益，大家必须枪口往一处打，力量往一个地方使，才能产生所谓的龙头股、核心股。

总之，永远不要做乌合之众。

如果抱团结束了，下一步市场的机会在哪里？

答：换一个地方，换一个故事，休整一段时间，继续抱。

山的那一边，其实还是山。

那些曾经帮助过你的人，
会比你帮助过的人更愿意再帮你一次

前段时间看到这么一个故事。

第二次世界大战前夕，一对犹太兄弟逃难。由于逃难过程复杂且惊险，需要人帮忙。这兄弟俩就合计着谁能帮他们。在几百个朋友中，他们选出最有可能帮助他们的两个人：

一个是他们曾经帮助过的人，这个人因为他们的帮助发了财，还成了银行家。另一个是曾经帮助过他们的木材商。

大哥建议，去找第一个人，因为毕竟他们对他有恩，这次轮到他们逃难，他应该会帮一把。弟弟的意见则相反，弟弟觉得木材商更可能帮他们，理由是木材商毕竟帮过他们一次。

兄弟俩谁也说服不了谁，于是分头行动。大哥去找银行家帮忙，实行逃难计划。弟弟则找木材商帮忙，也实行逃难计划。

多年以后，由木材商冒死相救的弟弟安然无恙地回到故土，急不可耐地去寻找哥哥的消息。结果从档案中得知，哥哥已经遇害。口口声声要报恩的、那个曾受过他们帮助而发了财的银行家，并没有对哥哥施以援手。

第一次看到这个故事，我唏嘘不已。

想想看，你帮助过的人，在你遇到苦难的时候未必会帮你，而帮助过你的人，在你遇到苦难的时候，往往会愿意再次帮你。

这说明什么？

当然，每个人有各自不同的人生经历，看到上述故事会有不同的感触。我看到上述故事的时候，最大的感触是：

> 乐善好施是一种习惯，那种帮助过你的人，事实已经证明了他们有助人为乐的习惯和品质，这种人值得再次相信。

而那种从来没有帮助过你的人，无论你给他的帮助有多大，你都无法确定他是否具有知恩图报和乐于助人的品性。

有的东西不能用交换的思路来看，什么我对你好，你就一定会对我好。有的人注定是白眼狼。

帮助这个东西，我们不否认也有"礼尚往来"的成分，你敬我一尺，我敬你一丈，但它更多的是与一个人的内在禀性有关。

有的人就是喜欢急人所急，痛人所痛。而有的人，当别人遇到困难时，总是觉得"这与我有什么关系"，不幸灾乐祸就算不错了。

我就见过一些圈内大佬，也见过一些大领导，郑州的、上海的、深圳的、广州的、成都的、北京的……他们骨子里就是有侠义之风，只要他们能帮得上忙的，他们一定会帮。他们帮助过的人，自己也不知道有多少。他们帮忙并不是图你感恩，也不是图你报答，而是他们就是那种品格的人。他们也有遇到那种刚帮完就背后诋毁他们的人，但依然无法阻止他们帮下一个人。

跟他们在一起，如沐春风；能在今生与这种人相遇，简直是一种福报！

我们交朋友就要交这种人，我们自己，也要尽量做这种人。

有人可能会说，你喜欢写投资，怎么突然写人了？

其实，我写人，就是在写股票。只不过，我把人性写明白了，股票就简单了。下面，我只需要几句话，就可以把我要表达的关于股票的东西表达明白，这段话正如上面写人的道理一样：

那些曾经让你赚过钱的股票，往往会让你再赚一次。而那些一直让你亏钱的股、那些你反复抄底也赚不到钱的股票，往往会让你再次亏钱。

要多与那些曾经让你赚过钱的股票打交道，少与那些从来没有让你赚过钱的股票谈回报。

股票如人，曾经回报过你的股票，会比从来没有回报过你的股票，更容易再次给你回报！

人有人缘，股有股缘。

人有人性，股有股性。

不是吗？

不要轻易"出圈"

一段时间内，资金会有自己深度介入的赛道和主线。在其内，称为"圈内"，在其外，称为"出圈"。

很多人有个冲动，就是总想去圈外看看，我把这种现象称为"出圈"。

事实上，出圈是很危险的。

因为最大的安全，是来自资金深度介入行为，并非所谓的"新轮动""新切换"和一些刺激感、新鲜感。

为什么很多人总想出圈呢？

主要原因：

其一，踏空某个赛道和热点，要么没有买，要么提前下车；

其二，总念叨切换，世界观和行为偏好里总是喜欢切换；

其三，追求刺激感，喜新厌旧，总觉得"新鲜"才是股市的生产力；

其四，看短不喜欢看长。喜欢在不同赛道之间来回穿梭，而不喜欢坚守核心赛道。

可是，事实未必就奖励出圈。因为圈内往往代表最核心的资金行为、最被看好的赛道、最符合当下社会趋势的行业。

很多人不明白这个道理，待在圈内不知圈内的好，总想去圈外搞点"野味"，以为越新鲜、越刺激、越不被人知道的赛道越好，结果一出圈就伤痕累累。

从白酒、碳中和、医美到锂电池、光伏、储能，我们都可以发现一个现象，只要一个赛道成为主流赛道，它至少要霸占1~3个月的时间周期，有的甚至长达一年乃至几年。比如白酒赛道、猪肉赛道、新能源产业链赛道。

当然，任何一个主赛道都会有分歧和调整，但它之所以成为主赛道，就是因为它可以穿越各种分歧和迷茫，并最终浩浩荡荡。

当遇到分歧和调整的时候，其实是介入该赛道、坚守其中龙头最好的机会，而很多人却恰恰相反，一看到分歧和调整，就高呼切换、转移、出圈。

可是等出圈之后再回头看，大机会还是在原有圈内。

后来方明白，一段时间有一段时间的主流。你可以出圈，但机会不会跟着你出圈。

是不是绝对不能出圈？也并非如此，只是出圈需要条件。

那什么时候才能出圈呢？

答：（1）原有圈内已经没有油水了；

（2）新来一个圈，这个圈产生势力了。

否则，就不要轻易出圈。

追求新鲜刺激我们都能理解，喜新厌旧也确实是股市的一种现象。但陌生未必代表善意，圈内熟悉的东西远远比圈外陌生的东西安全，圈内的机会也比圈外的多。

在黑暗中行走，不离开主力和大部队，才是最大的生存智慧！

A股的二元结构：机构与游资

上篇

A股主要有两种力量：机构和游资。

有人可能会说，还有散户呢？

答：散户是乌合之众，无法定义为一种风格。

所以，A股真正能引领风格的是机构和游资。

当然，二者之间有交集，比如机构中也有参与做游资票的，或者按照游资打法来做题材热点股的；游资也有皈依机构的，与机构勾兑，或者加入机构趋势股中。

但这并不影响我们把市场划分为机构与游资的二元结构。因为主要矛盾以及矛盾的主要方，就是机构和游资。

机构与游资的二元结构，主要包括两种划分和认定方法：

第一种是力量的二元。资金量大，对市场有影响，行动有组织且投资水平高的，就是机构和游资。它们是市场风格和走向的引领者和定义者。

第二种是思维的二元。划分是机构还是游资，不是看出身和所在工作单位，而是看投资价值观和哲学，也就是交易思维。凡是以基本面和估值为交易核心的，无论其是基金还是个人，都是机构思维，属于机构的一元。凡是以情绪、热点和技术为交易核心，无论是散户、游资还是某些所谓的基金，都是游资的一元。

特别需要强调的是，这种划分不涉及褒贬和高下，仅仅是为了我们更好地交易服务。

为什么要做这种划分？

因为这更有利于我们观察和俯瞰市场。

第一，我们要清晰地认识到，无论谁怎么去呼唤和号召，或者去打击和强制，A股永远摆脱不了二元。特别是，随着机构的壮大和某些媒体的鼓吹，仿佛情绪或者游资玩法就一去不复返了。但情绪的或者游资的一元，在相当长的一段时间内，并不会消失。

本人浸淫股市超过20年，经历多次媒体的宣布：今后是机构市场，价值为主，游资和炒作一去不复返了。可事实上，每当这种声音最强大的时候，游资的一元就携带情绪而来。

最近的一次是2020年底，机构抱团，很多人，包括某些游资自己也很悲观，觉得只有跟着机构才能投资，其他方式结束了。可事实上呢？2021年春节之后，随着机构票的暴跌，游资和情绪的炒作如平地惊雷，如火如荼，诞生了像顺控发展这样的妖股品种。

另外，我们也要清醒地看到，机构的一元也存在上述境遇。比如，随着 2021 年春节后茅台的暴跌，以及一些行业龙头的见顶下跌，很多人突然觉得所谓价值投资、所谓机构票都是骗人的。于是骂天骂地，说价值和赛道都是骗人的。可半年之后，也就是 2021 年下半年，大家不是清晰地感觉到，机构一元又重新夺回市场风格的主动权了吗？

所以，A 股的二元结构在相当长一段时间内的并存和交替现象不会改变。无论是多大权威和股神去宣判，无论经历多少次怀疑和犹豫，我们都要相信：机构之后，会是游资，游资腻了会是机构，就像夏冬之轮回一样。

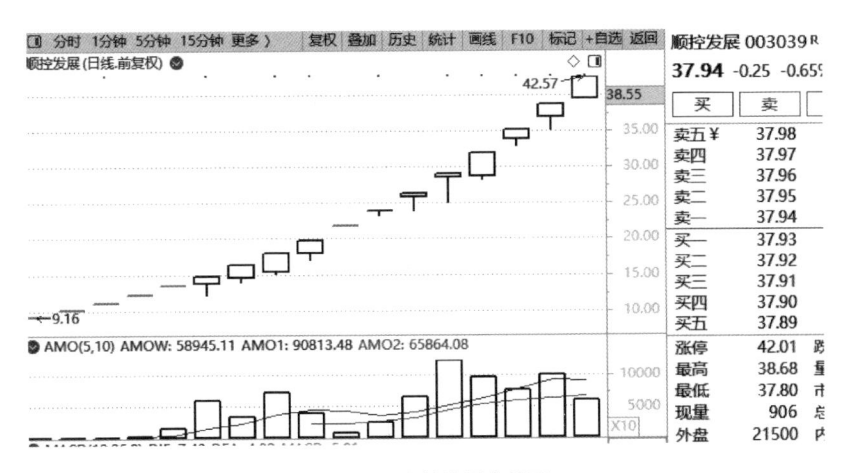

图 1-16　顺控发展走势图

第二，因变而变。

投资风格有时候不是自己说了算，而是看"天"吃饭。如果一段时间内主流票都是机构票，那我们必须加强对基本面的研究，多跟研究员去沟通，多看研究报告，多尊重产业、赛道和估值的逻辑。而如果市场在走情绪的逻辑，就喜欢炒概念和题材，流行空间身段卡位，那我们必须顺应游资的套路。

这种转变从理论上仿佛容易明白，但现实中容易糊涂。比如2020年，很多游资放弃自己熟悉的风格，全面拥抱机构逻辑，结果机构票出货，但一些游资上瘾了，入戏太深，还是按照研究员给你的基本面思路去做，结果深套在某些"茅"上。

如果要做一个深刻的灵活的交易者，必须因变而变，要看清市场当下阶段是流行机构的一元还是游资的一元，然后在选股和交易上，主动拥抱当下流行的那一元。

第三，储备两套本领。

龙头战法是什么？龙头战法的定义千千万，但最不该的就是僵化。比如，把茅台和宁德时代当成唯一的龙头形式，或者把顺控发展和贵州燃气当成唯一的龙头形式。

我的理解，龙头应该是灵活的，应该是抓住龙头的灵魂和精神，而不是表象。那什么是龙头的精神？

一句话：谁当老大跟谁，谁强跟谁。机构主导的时候，要跟机构票。游资主导的时候，要做游资票。

我曾经在《龙头信仰》和《香象渡河》里分享过：龙头的本质是第一性，在第一性思维者眼里，贵州燃气和贵州茅台都是龙头的存在形式。

也就是说，龙头是一花三叶。

一花三叶是我在《龙头信仰》一书中提到的观点，用来表述龙头的三种存在形式，分别是：股权龙头、白马龙头与黑马龙头。后来，我把三种类型进一步概括为两种：价值型龙头与情绪型龙头。

真正的龙头交易者，应该具备两套本领：黑马龙头和白马龙头。

黑马龙头就是做情绪类龙头，就是纯游资打法。白马龙头就是做机构类龙头，就是在价值领域玩龙头思想。

需要特别强调的是，如果做机构龙头，就不要被情绪龙头套路绑架。比如，机构票是不按照所谓的卡位、身段和冰点之类套路去走的，而是按照赛道、估值、对标和基本面数据去走。

当然，如果做情绪龙头，也不要被基本面绑架，一旦市场选出龙头，就不要因为其基本面不好而大骂"垃圾股"，或者自己按照基本面再选一个。因为游资套路炒的就是情绪，哪里是基本面能定义的？

写到这里，我们稍微回顾一下最近一两年的二元结构变迁。

2020年伊始，疫情肆虐，上半年虽然偶尔有机构票，但整个上半年核心的风格是游资的一元，比如口罩股、疫苗股、呼吸机股、中药股、检测试剂股、粮食股、特高压股、抖音股、免税牌照股等，成为市场的主流。市场的核心玩法是概念、热点和情绪。而下半年，机构慢慢夺取了话语权，白酒、锂电池、太阳能以及各种"茅"，成为市场的核心。极致的时候，游资都开始怀疑自己的方法是不是永无用武之地了。北上广深各路游资纷纷去读研报，去找研究员，甚至开始去调研。

而2021年，特别是春节之后，机构票纷纷下挫，游资风格又开始抬头，医美、碳中和、二线白酒、ST 摘帽、超跌垃圾股纷纷抬头。市场炒作不再以基本面为主，而是讲究身段、卡位和情绪阶段，出现了顺控发展这样的年度大妖股。最极致的情况是三峡能源，见图 1-17，这种超级大盘股也按照情绪的走法，连续出现四个一字板，把游资的套路炒到癫狂。

三峡能源把上半年游资的套路推到极致，虽然其整体涨幅不如顺控发展，但凶悍程度、急不可耐的风格和逼空的气势，远远超过顺控发展。

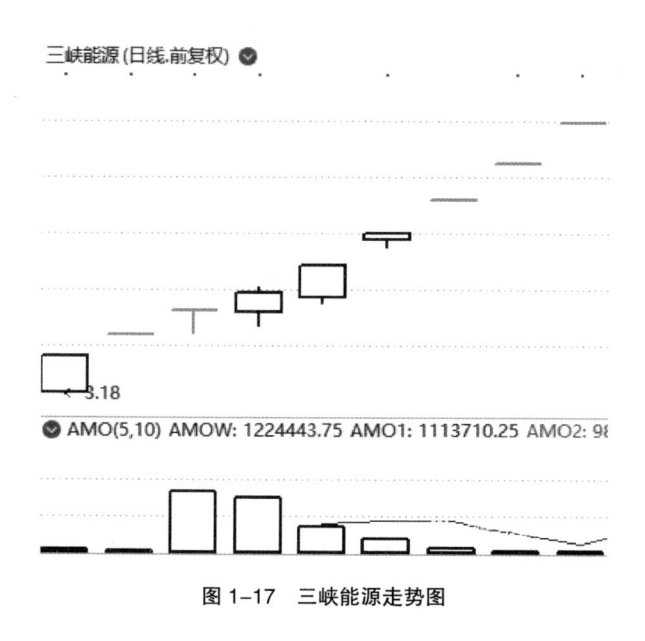

图 1-17　三峡能源走势图

当然，物极必反，随着物产中大（见图 1-18）连续一字跌停、齐鲁银行的 A 形下跌，游资的一元慢慢开始弱化。而机构的一元在不知不觉之中已经暗流涌动许久。以宁德时代为代表的新型产业，代表机构风格逐渐抢夺话语权。

物产中大开始，纯讲故事的套路开始受到伤害，恰逢此时锂电池主升浪如火如荼，机构的一元话语权越来越重。

在新旧风格交替的时间窗口，游资和机构都有各种的代表，一旦机构的一元定性，那么我们就要做好另一套准备，并重新适应机构的打法。

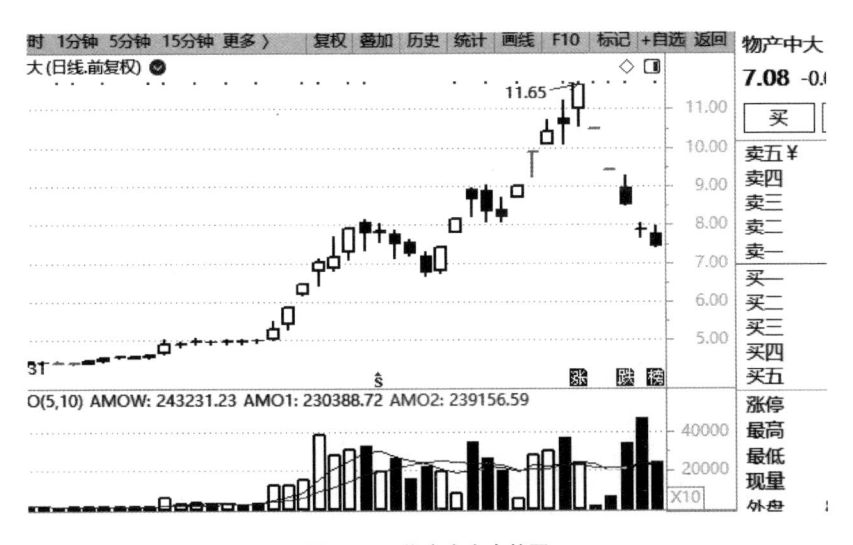

图 1-18　物产中大走势图

我们无法 100% 确定机构的一元会垄断下半年，如果机构的一元重新垄断市场，我们必须放弃情绪的世界观，弱化身段和卡位的思维，取而代之的是思考估值和对标，思考基本面正宗性和产业方向。同时，多拥抱趋势走势和头部企业。

这就是我特别送给大家的关于市场的新思考。

下篇

机构和游资，其实是两种思维方式，虽然偶尔重叠，但分歧还是很大的。

我们操盘的时候，一定要搞清楚，当下是机构来定义市场，还是游资来定义市场。

谁的地盘，我们听谁的。

比如上半年，是典型的游资定义市场，所以碳中和和次新的炒作，几乎都不看业绩，也没有什么实的估值。

而年中之后，机构对话语权的把握越来越强，市场慢慢被机构定义。这种情况下，如果再不明白今天的市场是何人之天下，是难有大成就的。

就拿龙头的表现形式来说，在情绪资金的局势下，游资喜欢卡位和身位，龙头往往喜欢从一而终。而机构资金则喜欢按照对标和赛道来做，喜欢在一个赛道内轮动制造龙头。

这就是为什么最近稀土和锂电池的龙头喜欢轮动，甚至隔几天换一个。

而且，机构思维的龙头识别不是身位，更不是数板，而是看基本面预期差，看基本面数据。所以，在机构主导下，如果天天再去数板，就显得有点低维思维。

我多次分享过一个思维：龙头分为价值型和情绪型。二者的表现形式不一样，只有后者才数板，前者不但不数板，甚至连涨停板本身都可以不要。

前段时间，我写了几篇战略文章，很多朋友觉得"虚"，觉得"不实用"。其实，这只能说他的痛点还没有到战略的层面。可能还在纠结哪个战术，比如哪个板该怎么打，哪个仙人指路该怎么追。

事实上，战略并不虚，离我们也并不远。我曾经写过：最大的战略是"方向"。

其实，看清楚未来一段时间内市场是机构主导，还是游资主导，是拥抱机构还是拥抱情绪，就是选择方向，也就是战略。

看清楚这个方向再去寻找买点，追高也罢、低吸也罢，打板也罢、半路也罢，才更具有威力。

因为，没有什么比拥抱市场主流更重要。而这种主流，不仅仅是指赛道和标的，更指赛道和标的背后的定义者——机构还是游资！

Think big, think long

前几天在飞机上看到一本书,说有个企业家非常厉害,虽然身为企业家,但其实是最伟大的战略家和宏观分析大师。

为什么这么说呢?

因为这位仁兄在年轻的时候,得过一场大病。他在养病期间,看了几千本书,积累了雄厚的素养。

有朋友曾经怀疑他是不是真的看了那么多书,于是去请教他当时的主治医师,医生回答是。

别小看了看书,特别是在年轻的时候,记忆力和世界观还在塑造的时候,几千本书的价值是不菲的。

通过这几千本书,这位仁兄悟出一个道理:

很多问题难,是因为格局太小。尝试把格局放大一点,很多问题就很简单。

这句话其实和张磊的话有点异曲同工之妙。张磊说:"Think big, think long。"

很多东西拉长一看,其实很简单。但有些人就不愿意,就是喜欢蜗牛角上争乾坤。

从战略上看,要么think big,要么think long。也就是,要么看大,要么看长,必须有一个。

如果看得小,看得又短,其实是很难把投资做好的。

哪怕是短线,也是看长做短。不能以短斗短。

如果有长或者大的思维,短期的逆向运动,反而会给我们交易带来机会。很多大逻辑的股票,我们要追求逻辑的不可逆反性,而不是天天猜测明天会涨还是会跌。

其实,对于没有方向的人,任何风都是逆风。

对于没有体系和独立思考的人,任何逻辑和资讯,对他都没用。

很多人不去深究事实和逻辑,只在乎能不能在第二天赚到钱。这种超级短视,会害人的。因为这追求的不是真理,而是利益。

对于这种朋友,其实不适合看任何研究报告和分析文章,只适合去跟"老鼠仓"。

如果稍微想进步,就应该改过来,在乎逻辑,而不是天天纠结得失。

股价是资金推动的吗？不，是价值观！

"中国股市，全部是资金推动型"，这句话几乎是共识。那这句话对吗？

对，也不对。

我这个观点肯定会遭到很多人的反对，因为我跟很多人的回答不一样，包括一些大人物。

且慢，请听我阐明我的观点。

言其对，是因为任何大牛股都离不开资金推动，无论茅台还是三峡能源，无论宁德时代还是顺控发展，离开大资金的兴风作浪，都是无源之泉、无本之木。

言其不对，是说仅仅认识到资金推动是不够的：不够彻底、不够深刻、不够底层。

资金只是股价上涨的直接原因，价值观才是股价上涨的根本原因。

这里的价值观指两种：

市场的价值观：一段时间内，市场认为什么值钱，什么就是股市的方向。

超级主力的价值观：市场主要玩家喜欢什么，漠视什么，他们对什么感兴趣，对什么不感兴趣。

如果认识到这种情况，就会明白：

同样两个股票上市，同样差不多的成交金额，为什么一个一直暴涨，一个一直暴跌。

同样成交金额的股票，为什么一个是长牛，一个是下跌熊股。

甚至同样一个席位去投入资金发动，为什么一个股票能启动，一个股票启动不了。

注意，我这里还假设技术形态和盘子市值差不多大小。

对呀，为什么会出现这种情况？

因为资金并非万能，并非投入资金股价就会涨，并非资金一推股价就能变成牛股，还要看该股是否符合市场价值观。

价值观才是股价背后深藏的那个神。

当然，没有量，没有资金，股价也不会涨。但仅仅从资金的角度去理解股价，未能深入"属性"的深处。深究资金背后的价值观，才是"李鬼"。

如果只认识到资金是股价的推动力，其研究和思考股市的角度一定是过分在乎 K 线、盘口、成交金额、量柱、形态等。

在乎这些东西并非错，但这些东西大多停留在"事实层面""证据层面"。

有人可能会问，事实、证据不是好东西吗？

当然是，但这些都是过于"硬实力"和"结果层面"的竞争，股市还有一个层面的竞争是"预期层面""偏好层面"的"软实力"竞争。

软实力往往是指挥硬实力的。

思考资金，本质上还是思考市场这个维度。思考价值观，是思考人这个维度，思考掌握资金背后的人的喜好，才能建立更强大的降维优势。金融市场的竞争，表面上是资金竞争，本质上是不同价值观的竞争。

为什么一个新股没有成交金额的时候，一炸板就有无数资金来？而有的股炸板却没有资金来？

我们不能等到"资金""龙虎榜""量柱"出来后，再去分析这个结果，而是在"资金"没有来的时候，分析到资金必然会来。

而这个"必然"，就只能靠价值观分析。

经常有人说要拿先手。怎么拿？仅仅看着资金，跟着资金，是无法拿到先手的。只有研究市场价值观，研究超级主力价值观，才能拿到先手。

因为如果你仅仅看着资金，往往是：敌不动，我不动；敌人动，我后手。

而如果深入价值观层面去做，往往能够：天地动，敌必动；敌动，我同步动，甚至我领先半步动。

我说的价值观才是股价真正的推动力，并不仅是用在拿先手这个层面上，而是对股价背后人作为终极因素思考的层面。

正所谓：

> 股价的背后是钱，钱的背后是人，人的行为是受人的价值观左右的！

技痒

越有本事的人，特别是战术水平越高的人，越容易技痒。

我们做投资也是，懂得技术越多的人，买卖点越精彩的人，越喜欢用术，不用术就手痒。或者当"绝佳"的术出现时，不自觉地想骚操作一下。

就拿最近的某安来说，我有一个关系很好的游资朋友，有一天跟我埋怨：刚刚在上面做个T，没想到T完买不回来了。

我问他，你为什么T？他说太符合他做T的标准了，太完美了。

听完我无语。

还有一些朋友，明明知道龙头是谁，说好了要做龙头，但因为盘中另外一个股票分时或者形态太华丽了，于是忍不住手痒去玩一把。结果回头一看，龙头涨停了。

此类例子不胜枚举。我们自己也经常忍不住会犯这种错误。骚操作经常耽误自己的正事。

那么，怎么改变这种情况呢？

一句话：以股票为中心，而不是以买卖点为中心。

我们要提前选好股票，从市场地位、人气、赛道与龙性反复思考。一旦确定是龙头、是核心，就死守不放，像狼盯着猎物一样紧紧盯着它，寻找一切出击的机会。而不是在市场上到处找华丽的买点。

一会儿看谁的竞价开得好，一会儿看谁的分时图好，一会儿看谁的涨停板封得漂亮，一会儿又看谁的形态完美，等等。

只要把术放在首位，只要喜欢招式，就一定会在战术的汪洋大海里"酣畅淋漓"，而忘记了最主要的任务是在"最有生产力"的股票上做交易。

如果股票选错了，战术越华丽，越容易耽误大事。

我遇到很多大佬，跟他们聊天时，发现他们技术很一般，有时候不自觉"洋洋得意"，觉得自己了不起。

但接触久了，才知道自己大错特错。真正高级的交易根本用不着那么多"技术"，甚至技术越多，越耽误对大机会的把握。迷恋术属于跑偏了。

只有到这个时候，我才明白，人和人之间的差别不是术的能力，而是战略能力。

也只有此时，我才更深刻地明白，战略这个词，不是空洞的概念，而是实实在在的、有温度的、离我们很近的一种存在。

特别是"将军走路不追小兔"这种战略。

捕鱼

估计很多人没有捕过鱼。

我的童年在乡下度过,有过捕鱼的经历,也可以说是童趣。关于捕鱼,我最大的感受就是找到好的鱼池,在捕鱼的旺季,而不是苦练捕鱼技巧。

这种经历让我想到股市。

很多人因为股票不涨、难赚钱就经常换方法。结果,方法换了一套之后,还是不赚钱,于是又换方法。我见过很多人,换过无数种方法,只要不赚钱就立即换一套方法。

其实,从我捕鱼的经历来看,如果没有鱼,换再多的方法都是枉然的。

问题不出在方法上,出在池塘没有鱼上,或者说鱼多少上。

这个时候,应该做的不是放弃自己捕鱼的方法,也许那个方法没有问题，而是应该等待池塘里有鱼。

当然，有人说，那不是还有某某某股能涨吗?是的，再差的池塘也有一两条鱼，但我们这里说的是整体，是观大略。

其实，使用任何一种方法，持之以恒地努力，一两年都能掌握。但，如果一不赚钱你就怀疑方法，换方法，那么，任何一种方法，你都难以信任，都难以建立厚积薄发的积累优势。而且，容易陷入一种巨大的归因错误。

很多时候，不赚钱或者难赚钱，并不是你的方法有问题，而是根本就没有鱼。这个时候，要做的不是去换方法，而是等鱼期来临。

最害怕的是，本来你已经摸索到一套方法，如果持之以恒地优化，没有任何问题，但是因为鱼季没来，你却责罚、怀疑、动摇乃至抛弃、更换自己的方法，即使鱼季来了，你照样逮不到鱼，因为你很可能已经不相信任何方法了。

其实，你不是被方法伤害的，而是被没有鱼伤害的。

所以，该坚守的和该等待的，一定要分清楚。

高筑墙，广积粮，少打仗

当赚钱难、赚不到钱甚至回撤的时候，很多人都有换方法的冲动。

一会儿价值投资，一会儿技术分析，一会儿龙头，一会儿趋势跟踪，一会儿干脆抱团听消息，等等。

就像狗熊掰玉米棒子，忙得不亦乐乎。

其实，大家有没有想过，也许压根不是方法的问题，这个时候不但不应该放弃早就积累的方法，反而更应该去精进、优化方法。

当你想换成别人的方法的时候，也许别人那个方法也不赚钱，他还想换成你的方法呢。

记得2018年的时候，市场很冷清。我跟一个高人交流，他的一席话让我至今难忘。他说，市场不好的时候，不要轻易换方法，因为不是方法的问题。这个时候应该下功夫去把自己的方法优化和升级。

如果来回换方法，亏得更多。

这段话我至今难忘。我把他的话总结为九个字：

　　高筑墙，广积粮，少打仗。

用通俗的话来解释就是：多磨炼内功，少出击，特别是不要重仓出击。

其实，市场越是差，越是难做，优化出来的方法越接近本质，越具有安全屏障。而市场越是火，总结出来的方法越容易变形。

　　不经历一场寒冬，任何方法都不具备深刻性。

丘吉尔说，不要浪费任何一场危机。

对于一个立志成长为伟大交易员的人来说，不要浪费任何一场"寒冬"，因为只有经过极度寒冷，才能升级出极度强大的方法论。温室的花朵，永远长不成参天大树。

注意，我这里说的是"升级"方法，而不是来回换方法。

是往下扎根，而不是四处挪窝。

不要为难术

很多人亏钱了总是觉得自己的战术有问题。

当然，亏钱肯定有战术的原因，但我今天要分享的是另外一个维度：也许不是你方法的问题。

怎么说呢?

很多人只要不赚钱，总是去怀疑自己的方法有问题，于是持续换各种方法，在不同的方法中当试验品。

此时，我要说的是，万一你的方法没有问题呢?

有时候，你不赚钱，根本不是方法问题，而是市场问题。

当市场不好的时候，所有的方法几乎都不赚钱，何必责备方法呢?我举个例子大家就明白了。

在冷兵器的战场上，每个士兵都拿着武器，或刀，或剑，或矛，或锤。如果敌方的力量数倍于我方，自然很难取胜。此时，如果打败了，后退了，你能责备自己手里的兵器是错的吗？

是力量对比出了问题，而不是自己手里的兵器出了问题。

股市也如此，很多时候无法赚钱，并非战术问题，并非自己用的那个方法就低人一等，而是多空双方的对比严重不利于己。

股民手里的方法和战术，跟士兵手里的武器是一样的，它只是取胜的一个条件，不是根本条件。

根本条件是力量对比，是对大势的判断和利用。

当力量对比悬殊，当大势不在我方，你换方法能有什么用呢？

我见过很多朋友，只要不赚钱就怀疑自己的方法是错的，于是继续换其他方法。

比如，一进二不赚钱就换三进四，打板不赚钱就换低吸，龙头不赚钱就换补涨套利，妖股不赚钱就换白马价值股……

好像换个方法就赚钱似的。

当然，我不否认方法的重要性，我本人对方法境界的追求也是很用心的。但当市场不好的时候，真的不是方法的问题。不要再为难方法了。

更不要以为换个方法马上就能赚钱。因为市场不好，换个方法也许亏得更快。

尤其不要成为不同方法的试验品。

如果要追求方法，我觉得把握大势就是最高方法。

在这个方法没有练成之前，其他方法都无能为力。

注

不要用战术去解决战略问题，也不要用法去解决势的问题。战术再华丽，也不能解决无米之炊的问题。很多朋友总是觉得方法有问题，但我觉得，不要过分为难方法，方法本身解决不了市场是丰盛还是匮乏的问题。

始知在势不在法

前面，我写了"不要为难术"。

核心思想是：当你不赚钱时，也许不是你的方法的错，而是没有势。当大势不支持你，什么方法都没有用。

我是想让大家站在一个比较高的维度上去思考一个问题：当你赚钱的时候，你以为是你的"技巧"和"法"为你赚的吗？

也许是。但凡是技巧和法让你赚的钱，都是小钱。而真正大钱，都是背后的势让你赚的。

同样一种方法，比如弱转强、低吸反包、晋级卡位，其成败最大的因素并不是里面的细节，而是外面最大的那个"大势"如何。

不信，我们可以对比前几天和这两天，最大的区别不就是因为市场的"势"起了吗？

所以，当你彻底明白了这个道理，就应该知道，很多成败，其实在势不在法。

这也是我写"不要为难术"的原因。

并不是说我不在乎术，而是说，炒股那么多年了，如果还在术的境界，说明进步太慢。只有进入以势驾驭术的境界，才是高纬度的提升。

爱因斯坦说过："所有困难的问题，答案都在另一个层次。"

所以，很多朋友用术中出现的问题，其实答案不在术，而在另外一个层次。

那个层次可能有多重境界，但至少有一重境界——势。

当然，也有人叫情绪，也有人叫气氛，也有人叫行情，还有人叫温度。其实都是一个意思，不在于怎么用词，而在于玩味其中之意。

这个意，我曾经还用"用力不用艺"表达过，也用"势的载体与表达"表达过。

我想，此时此刻，经历了2022年国庆前的暴跌，以及这几天的暴涨，特别是当市场火热的时候，大家更能领会这个意思。

也许此时此刻（注：大盘暴涨阶段），始知在势不在法。

精满气足

情绪是 2018 年之后才流行的一词，本意是更加深刻地清楚认识市场，划定好市场的阶段和状态。

但后来越来越复杂，甚至有演变成一种新的"技术套路"的倾向。我很担心情绪周期重走当年的均线系统、指标系统的老路，把人再次缠绕进入一个复杂的指标世界。

所以，我觉得情绪应该走厚重、朴素的路，而不应该走指标化、套路化的路。

为什么突然跟大家分享这个想法，是因为我最近很不理解很多朋友去硬做股票。明明市场弱得不得了，却一直去"执着追高"，问起理由，他会跟你说一堆情绪的术语，比如谁助攻谁，谁是谁的小弟，谁又大单封死保驾护航谁，等等。

还别说，他的"理论"还都能自圆其说，但我总感觉哪里不对劲。

因为，我觉得无论任何理论，都摆脱不了一点，那就是：

市场好，多做，市场不好，少做。

不能因为有一个什么理论，就去挑战这个常识。

市场好坏，不需要用一个新的理论去证明，感觉就够用了。这种感觉用一个朴素的词来形容最好，那就是"赚钱效应"。

好的情绪，应该是赚钱效应好，应该是那种精满气足的感觉，像个小伙子。

不好的情绪，无论怎么用指标去做补涨和卡位，总感觉在凑数。

是的，情绪也需要指标和数据，但，这种指标和数据必须是天然的、自然的。一旦把它教条化，则容易为了凑数而凑数。

比如，龙头在上，你不是要板块效益吗，我给你造。于是人工搞几个补涨股，美其名曰板块梯队。

可是，我们明明能感觉市场很弱，那种板块梯队也掩盖不了骨子里的弱。

所以，我想来想去，发现不能简单地去数数（不但不能简单地去数板，也不能简单地去数小弟数量），必须从精气神的角度去感知市场的情绪和强弱。

好的精气神，就应该是精满气足，霸气侧漏。

而不好的精气神，总是试图去证明它还有补涨和小弟。

但，一旦进入"总想去证明"的阶段，即使符合情绪周期的所有理论，也免不了凑数嫌疑。

而凑数本身不正是弱的表现吗?

所以,看情绪状态,不要仅仅看数量,不要被别人拼凑的所谓梯队所迷惑,而应该高度重视质地,重视每一个小弟的精气神。

看看内在是否都精满气足。

笨蛋，问题在"生产力"！

大约在两年之前，有一个股票叫东方银星，后更名为庚星股份，因为暴涨被列入监控名单。之后，该股就横盘滞涨，甚至逐步下滑。见图1-19。

彼时，很多利益相关者通过各种舆论来引导大家的"认知"：该股不涨是因为监管，一旦移除监控名单就开始暴涨了。

很多人信以为真，不做任何风控任由股价下跌。而每一次下跌，每一个大阴线，他们内心都会安慰自己：是因为监管。

如果没有监管，如果解除异动监控名单，这个股就暴涨了。

结果，移除监管名单后，这个股不但没有暴涨，反而开启了更大的下跌之旅。

原来，放开监管，是为了主力出货，并不是为了股价上涨。主力觉得接盘的多了，就可以开启更大的下跌了。监管不是限制了涨，而

图 1-19 庚星股份走势图

是限制了跌。

这给很多人上了生动的一课。

这个事情已经过去两年了，两年之后我才愿意拿它当成案例来讲。因为里面很多人是朋友，他们当时还持仓，如果我那个时候讲，会影响他们的仓位和筹码，现在讲已经不会影响到任何筹码和仓位了。

我以为，这件事情会给很多人留下教训。但没有想到，很多股民的记忆真的只有 7 秒。

很明显，一个股票大的上涨和下跌、大的趋势性和行情，问题并不在监管，而在它是否具有"生产力"！

10 厘米还是 20 厘米，有价格笼子还是没有笼子，在监控名单之内还是移除名单，这些东西是会影响到股价，但，它的影响只在"定量"级别的，不到"定性"级别。

所谓定性级别，就是大行情、大波浪、大主升。

定性级别的行情，一定来自"生产力"，而不是边边角角的"生产关系"。

所谓"生产力"，是一种形象的比喻和说法，是指股票上涨的根本动力。这种动力一般来源于两点：

其一是基本面的巨大裂变和革命；
其二是行情和氛围的攻城拔寨。

一个股票，只有具备了这两点中的一点，才能启动真正轰轰烈烈的行情。记住，是真正具备，而不是"小作文"式的具备。

只要一个股票具备上述两点，任何监管都不会影响它上涨。监管可以改变它的速度和节奏，但是改变不了方向。

如果不具备上述两点，放开监管反而会跌得更快。

很多人不去从根本上思考这种"生产力"层面的逻辑，却热衷于在"生产关系"层面游荡，其实是舍本求末。

我们可以举一个最经典的例子：房地产。当城市化如火如荼，房地产供给小于需求，房地产牛市如火如荼的时候，限购和限贷限制住房价上涨了吗？而当城市化进程基本结束，人口红利几乎没有，房地产行情的"生产力"性质因素消失的时候，你放开限购限贷，能让房地产再重回牛市吗？

这个时候你就会明白：问题在生产力！

股市也是一样。任何股票的大行情，都是生产力赐给的，都是氛围的产物。监管和监控顶多会影响节奏和速度，但影响不了方向。

当股票足够好，或者市场氛围足够好的时候，任何监管监控名单都改变不了股价的走势。

我们平时思考股票，应该把足够多的心念放在"生产力"因素上，思考股票涨跌的原动力，而不是与监管斗智斗勇、来回踩点。股价大级别的运动，一定是"生产力"的函数！

从这个层面看问题，才是真正的大局观，也才是真正的透过现象看本质。

机会从来都不缺，只是有些是我们的，有些不是

什么是机会？

有人觉得能涨就是机会，能挣钱就是机会。

其实不是这样的。

任何一个股都有挣钱的时候，难道都是你的菜？

显然，如果把涨了、挣钱了定义为抓住机会，必然会沦为机会主义者，沦为没有任何原则的交易者。

真正的机会是符合方法论且能取得丰硕成果，即程序正义且结果强悍！

一个人的行为，无论是投资，还是做其他事情，都由两部分组成：一部分是方法论系统，就是体系、方法以及纪律；另一部分是结果系统，就是后来如何。

如果一个人过于强调前者，而不去想后者，往往会沦为教条主义，或者空谈者；而如果过于强调后者，淡化前者，往往会沦为疲于奔命者，可能终身为了蝇头小利而得过且过。

真正的大家，是二者结合，既强调方法系统的严肃性和科学性，又强调结果的终极性。

作为凡俗，往往特别渴望后者。而真正的大家高手，无不是先在前者上通透悟道，才在后者上笑傲江湖。

虽然有的人不说，有的人不善表达，但凡是真正取得大成就的，无不是"心中先有天地"，这个天地就是章法，也是系统，也有人把它说成认知，还可以说成"道"。

能不能扔掉这个"心中的天地"，谁涨追谁，见什么挣钱买什么？

当然不可以，如果可以，就没有人去悟道了。

终极的道，也许无法说出，但道的起步一定是从有所为、有所不为开始，从放弃很多机会、只做自己能把握住的机会开始。

股市浩如烟海，神秘莫测，大部分情况下的上涨和下跌，无法精准解释，更无法踩准。面对这种情况，只有放弃。放弃掉绝大部分眼花缭乱的东西，只取最后那一丝丝我们能看懂的部分，然后只在"那一部分"里去交易！

"那一部分"就是我们的能力范围，就像一个企业的经营范围一样。坚守在那里，反复耕耘，才能在最终的结果上傲视群雄。

最可怕的是，没有自己的"那一部分"，或者不愿意只在"那一部分"耕耘，放纵欲望四处游荡，胸中无天地，眼前遍地是机会。

市场随随便便扔给你一条咸鱼，都能轻轻松松把你拖到水里。

到最后才明白，机会虽然很多，市场也从来不缺机会，但只有很少是属于我们的。

在这"很少"之中，也不是唯结果论。即不是用结果好坏反过来定义机会，而是必须首先符合我们的方法和体系，再去思考机会，才有意义。

> 机会不是以结果论，而是以原则论。没有原则的机会不是机会，只能是咸鱼。只有原则内的机会才是机会。

不等待

我们都知道,等待是优秀的品质,本文却来强调"不等待",有没有写错?

没有!

我就是说事物的另一面:不等待。

写下这个标题之前,我曾想用其他标题,比如:

杀伐果断

抢占先机

速度就是一切

……

但后来都放弃了,还是用"不等待"这三字更直白。

我们知道，办大事需要等待，好的机会也需要等待，等待的重要性、耐心的可贵，毋庸置疑。

我不否认"等待"的价值。但很多人只能认识到"等待"的价值，却对"不等待"的价值缺少足够的认知和重视。"不等待"被视为急躁、毛糙、不耐心的表现。

事实上，等待重要，不等待也重要。时不我待，抓住稍纵即逝的机会往往比善于等待更重要。

有人说，二者不是矛盾的吗?

其实不矛盾，等待重要，不等待也重要。且听我慢慢道来。

蒙古灭金之战，作战双方，一方是金国的名将完颜陈和尚、完颜合达等，另一方是成吉思汗最出色的儿子拖雷和名将速不台，此战之经典和诡谲，每每让我唏嘘感叹。

这一战叫三峰山之战。

当时，金国参战兵力有15万人，而拖雷率领的蒙古军才三五万人，地点又发生在金国国内，有主场优势。完颜合达和完颜陈和尚率领的金国部队把拖雷的蒙古军围困在三峰山的主峰。

我们知道，蒙古兵是骑兵，马匹善于在运动中冲击，而围困在山上对骑兵绝对不是好事。特别是金国有15万之众，把山围得水泄不通。蒙古军一度很危险。

如果金军不间歇轮动式进攻，依靠人多优势，蒙古那几万部队绝对顶不住。但就在即将攻破蒙古军山头那个的傍晚，金军高层将领一致决定，休整一晚，第二天早上休息好后发起总攻。

也许金军高层觉得蒙古军被围困山顶已是瓮中之鳖，早一天收拾和晚一天收拾没区别。

殊不知，战场瞬息万变。

在占据绝对优势的情况下，如果不利用优势在第一时间把对手赶尽杀绝，就是一种重大的战略失误。

那一夜，就在金军休整准备第二天进攻的那一夜，仅仅是一夜，战场发生了变化。

天降大雪，没完没了。

雪覆盖整个战场。

《金史》里写道："须臾雪大作，白雾蔽空，人不相觑。"

也就是说面对面都看不见，这样大的雪相当罕见。

蒙古人由于长期在北方苦寒之地，特别耐冻，他们的衣服很多就是动物的皮毛做的，仿佛天生就是为寒冷准备的。而金国，当时统治的其实是中原地区，由于长期生活在温柔富贵之地，早已经不耐严寒。当时的三峰山，就在今天河南省境内。而蒙古人长期作战的地方是欧洲，是俄罗斯，那里下大雪是家常便饭。

大雪、大寒，瞬间改变了战场上的优势对比。拖雷率领的蒙古军顿时斗志昂扬。此时的拖雷和速不台可是连一分钟都没有浪费，趁着大雪发起了冲锋。

这场战役中，拖雷用了经典的围三阙一战术，也即是三面都布满军队，只留一个缺口不设防，故意把敌人引到缺口方向，然后再屠戮。

金军彻底崩溃了，像疯了一样沿山间缺口向禹州逃窜。《金史》说金军遂溃，声如崩山，诸多名将如完颜合达、移剌蒲阿、完颜陈和尚、杨沃衍、樊泽、高英、张惠先后战死。拖雷大获全胜。这也是军事史上非常著名的围歼战。

这场战役很多人都知道结果，但深挖其中细节的人不多。其实这场战役中，战略优势曾多次逆转。有时候优势在金国，有时候在蒙古。假设，我是说假设，当优势在金国的时候，如果完颜家族能够抓住战略优势一鼓作气，也就没有后来大雪什么事了。

特别是把拖雷围困在山上的那一晚，完颜合达怎么不抓住一切机会连夜攻下？为什么要休息一晚？我至今想不通。

也许你说士兵很困很饿，但你困的时候，敌人也困。步兵相对骑兵，最大的优势就是把骑兵围困在一个狭小的地带。而当实现这个战略优势的时候，为什么白白浪费掉一夜？

据史书说，那一夜，拖雷让巫师祈雪。无论是否真实，至少拖雷没有浪费一分钟。

等待重要，不等待也重要。

不仅仅战争如此，很多领域也是，前段时间看《功勋》，看到袁隆平小时候他妈妈带他逃难，曾经有个场景让他一生难忘。那时正值日寇侵略中国，日本的飞机和炮弹经常乱飞乱炸。但就在狂轰滥炸之下，袁隆平看到很多农民冒着炮火插秧。小袁隆平就问妈妈，为什么他们不改天再插？他妈妈回答说，天时不能误，农民活的是时令，人误地一时，地误人一年，不能等。

等待机会重要，机会来临时分秒必争更重要。

很多人受到一些心灵鸡汤的"洗礼"，特别在乎等待，几乎人人都会为等待和耐心说上几句赞美的话，可是对机会来临时不等待的狼性狠劲，则缺乏足够认知和精力倾注。

平时看了太多的心灵鸡汤，特别是劝人等待的文章，今天我反其道而行之，写了一篇不等待的文章。希望大家全面理解，不要曲解了。

其实，若说不等待，最大的对象应该是人生。趁着青壮年，时不我待。应该在激情和体力都旺盛的时候，抓住一切机会去奋斗。

千万不要空等待，白了少年头！

什么时候"等待"？什么时候"不等待"？

鸿门宴上，范增和众多谋士都劝项羽杀了刘邦。但项羽没杀，放走了刘邦。

每当想起那个历史瞬间，我都喜欢去琢磨项羽当时的内心世界。

记得上大学的时候，跟同寝室的同学一起看《鸿门宴》，看完之后我们为这个问题讨论了大半夜。

有位仁兄的观点比较独特，他说，项羽内心也许是这样的：我今天可以杀你，明天照样可以杀你。放了你没有什么大问题，哪一天如果我想杀你了，再去杀你，依然不费吹灰之力。没有必要一定在今天杀。

我觉得他的观点有一定道理。项羽超级骄傲和自信，觉得自己那么强大，刘邦那么弱小，杀他易如反掌。

可是项羽不明白一个道理：强弱是会变化的。强大不可能永远站在你这一边。

这就是涉及本文要讨论的一个重要问题：什么时候要等，什么时候不要等。

> 我的观点是：处于优势时，不要等；处于劣势时，必须等。

鸿门宴上，刘邦处于弱势，刘邦不能急，必须等，一点野心都不能暴露。而项羽处于优势，他应该去做他该做的一切。

一件事情，当你必须要做的时候，如果恰好此时你拥有主动权，最好立即去做，一刻也不要等。因为当你被动的时候，可能再也没有机会去做。

回到股市也是一样。

前几天我写过一篇文章《不等待》，引来很多人跟帖和讨论。

经常看我文章的人应该知道，我写文章一般会针砭时弊，针对某个问题纠偏，有时候会特别强调，可能会用力过猛。

因为很多人太强调"等待"了，以至于不分场合、不分情况地就把"等待"当成一种美德，见到重大机会都磨磨叽叽，错失很多良机，于是我写了那篇《不等待》，用意是以偏校偏，用猛药治沉疴。

而本篇，我们可以静静地来思考另外一个问题：什么时候等待？什么时候不等待？

在股市里，以下情况必须等待：

> 市场很弱的时候；

自己看不懂的时候；

运气差的时候。

而另一些时候则不需要空等待，必须雷霆万钧：

市场强的时候，俗称赚钱效应好，周期上升；

出现超级龙妖的时候；

市场风格符合自己口味的时候；

运气好的时候。

等和不等，并不取决于自己的喜欢，而是取决于优势在我还是优势在敌。

有时候市场很好，赚钱效应也很疯狂，比如2021年初碳中和、年中锂电池，必须把最大的勇气和最猛的拳打出来。但很多人在那里叽叽歪歪，那个时候，浪费一分钟都是对市场的犯罪。

而另一些时候，市场冷清，根本没有机会，这个时候就应该等待。因为空头，也就是我们的敌人占优势了。

在我的系统里，还有一种情况不能轻易放过，哪怕稍微冒一点儿风险也要去做，那就是大妖股现身的时候。

如果通过反复推演，最大回撤不超过7个点，但是一旦做对就可能是一个大妖股的时候，我一般不会空等。

因为龙妖是那种哪怕你犯一点儿错误，也值得去参与的品种。

当然，这种时候不多。

所以，我一般在市场好的时候，周期支持的时候，大胆干。一旦市场弱了，我不占优势了，我就等。

等与不等，看的是优势对比。

当我们掌握战略优势的时候，千万不要浪费了自己的大好时光，空等待。

我分析股票的重要思维：主要矛盾

人生是有主要矛盾的，比如：

童年时期主要矛盾是身体；学生时期主要矛盾是求学与求知；然后，人生的主要矛盾是爱与异性；再然后，人生的主要矛盾是事业与功德；老年后，主要矛盾又回到身体。

当然，并不是说其他事情可以不顾，只解决主要矛盾，而是说，一个年龄阶段有一个阶段的主题，如果这个主题没有解决，其他问题解决得再好，也是枉然。

我记得路遥的《人生》一书，扉页上有这样一句话：

> 人生的道路虽然漫长，但紧要处常常仅有几处，特别是当人年轻的时候⋯⋯

这句话非常对，不过，我觉得这句话还可以引申：

人生有很多选择，但每个阶段都有一个最要紧的选择，如果最要紧的那个选择错了，你的其他选择再正确，往往也会过得很糟糕……

这种思想，就是主要矛盾思想。

我在这里不是给大家谈人生，我是通过人生的这种思考，来谈主要矛盾，来谈我们投资中的一种重要思想和逻辑。

主要矛盾就是最需要解决的那个问题。

股市不是孤立存在，它是现实社会在资本市场的投影。股市的主要矛盾其实源于现实世界的主要矛盾。

投资最大的道并不是存在于股市理论中，无论它是波浪理论还是资产资本模型，无论它是技术分析还是价值投资，这都是次逻辑。最主要的逻辑，是社会上的主要矛盾。

比如，战争时期，最主要的矛盾就是打赢敌人，那么所有能够支持打赢敌人的产业链，都是投资的核心标的。

再比如，资源紧缺时期，最主要的矛盾是资源的占用与利用，哪个企业掌握了这一点，哪个企业就最值得投资。

而太平盛世，大家吃喝玩乐，哪个企业最能满足人们吃喝玩乐的欲望，哪个企业就最值得投资。

这就是军工股、有色金属股以及消费股的逻辑，这就是洛克希德马丁、江西铜业、茅台、可口可乐能在其时代背景下走牛的最大理由。

如果不从这个角度去看投资，也许你战术很对，但战略会错得一塌糊涂。

回顾我们 A 股：

2006 年开始，社会上的主要矛盾就是"人与房子"的矛盾，地产股、银行股、白色家电以及其他为房地产配套的股，成了这轮主要矛盾的最大受益股，所以它们长期走牛。

几乎与此同时，社会还有一个主要矛盾存在，那就是现实世界与互联网世界的矛盾，能把这对矛盾处理好的公司，必将成为伟大的公司，这就是阿里巴巴、腾讯、滴滴被资本追捧的原因。

当然，超级矛盾之下，有小矛盾；大周期矛盾之下，有短周期矛盾。

比如，能源领域就存在传统能源石油与新能源之间的矛盾，新能源投资逻辑就是在这条线上成长起来的。什么锂电池、氢能源，无不是为了这对矛盾生的蛋。

再比如，特朗普抑制中国的核心高科技，这就激发了自主替代与依赖美国的矛盾，所有的芯片企业、5G 企业以及软件、人工智能等企业，正是这个主线的产物。

其实，主要矛盾还有更小的，小到一两个月，或者半年，这种就是主题投资的热土。

不要天天沉迷于打板、情绪、MACD、量柱这些东西。并不是说不需要术，而是不要沉迷于术，不要只低头拉车，不抬头看路。

有道无术，术尚可求。有术无道，止于术。

最大的道，就是社会的主要矛盾。紧盯着主要矛盾，投资才能不偏离主线。

读到这里，可能有部分读者朋友会"失望"，因为他们希望得到"独孤九剑"，比如怎么看K线，怎么看均线，什么样的模型最好，什么样的量最佳，等等。

其实，这部分内容属于"格物致知"层面，大家想学很容易，你去新华书店，几乎90%的股票书都在教这些。我在这里主要谈"正心诚意"层面，谈大家平时不去深入思考的层面。

具体的术其实很好学，无论是哪个指标，哪个形态，哪种估值方法，一个星期基本都能学会。

关键是"此心何安"？

山中贼易破，心中贼何以破？

股价是"主要矛盾"的晴雨表

第一次知道"主要矛盾"这个词,是在高中政治课上。不过,那个时候是从纯知识的角度去理解。

后来踏入社会,越来越从现实中感受到"主要矛盾"的厉害之处。说一个让我体会最深的吧,那就是买房。

对于 80 后,特别是从农村走出来的,购房的压力和痛苦是常人难以想象的。特别是那些年,房价天天猛涨,媒体上也天天看到房价暴涨的消息,无时无刻不刺激着神经。那个时候,买房就是很多人的主要矛盾,也是社会的主要矛盾。

整整一代人都围绕着购房而努力。那个时候,有个电视剧反映了这种社会矛盾:《蜗居》。

彼时,我才算真正体会到什么叫"主要矛盾"。

当然,这里的"矛盾"不是简单的家长里短语境下的矛盾和冲突,而是描述一种失衡的状态和社会焦点，一种对立与统一的关系。

从那个时候开始，我就思考主要矛盾对我们生活和经济的影响。我发现，这种社会主要矛盾给很多民众带来压力的同时，却为某些行业带来繁荣，比如房地产相关行业。

据统计，中国那个时候的富豪，绝大多数与房地产有关，城市里的富裕家庭，很多也与炒房、拆迁有关。

也就是说，在大部分人那里体现为主要矛盾的地方，却是另一部分人发财致富的地方。

从此，我看待社会主要矛盾就不是简单地从焦虑和情感角度了，而是超然地从社会整体的经济运行去看。

特别是我做投资之后，更发现了这个秘密。

还说回房地产，就在房价给社会带来了普遍压力和矛盾的同时，房地产相关股票却迎来了持续多年的牛市。

房地产股、水泥股、家电股、装修股等，凡是被房地产拉动的行业，都随着房地产的飙升而飙升。

至此我算明白一个道理：社会主要矛盾就是资金市场的角逐地。哪个领域是社会主要矛盾，哪个领域就容易诞生牛股。

注意，这里我们先不要进行道德判断，因为我对房价进行了无数年的道德判断，结果还是无助于我买房子。所以，还是进行事实判断。

从事实角度来看，某个领域体现为社会主要矛盾，那么该领域相关企业就有大展身手的机会，资源机会集中在这个领域，股价上涨不足为怪。

另外，大家不要混淆了一个因果关系。资本市场和股价，只是这种矛盾的反映，而不是这种矛盾的制造。

如果这样思考，我们就会得出一个认知：

> 股价最容易反映社会主要矛盾，或者说，股价（特别是短期股价）是主要矛盾的晴雨表。

当我们有这样一个认知的时候，就可以大胆地反向使用：一旦发现什么是社会的主要矛盾，那么我们就立即去做这个领域的股票，在这个领域里选龙头股。

比如：中美贸易摩擦时，中兴通讯被断供芯片，孟晚舟事件，整个舆论的焦点和矛盾都聚焦中美贸易摩擦，那么芯片和稀土就是那个时候的主要矛盾，相关股票就成了资本市场重点关照的领域。

一个赛道也好，一个股票也好，只有当它与主要矛盾发生关联的时候，才最具有短线爆发力。这个逻辑大于任何所谓的战术，比如K线、均线、模型、指标，也大于所谓的数板和情绪。

大逻辑管小逻辑，主线管个股，而主要矛盾就是大逻辑，就是主线背后的牵线人。

紧盯主要矛盾，投资才能不偏离主线。

站在这个高度，投资才能纲举目张、一览众山小！

注

有以下三点需要特别强调。

西方的理论是，股市是经济的晴雨表，我这里借用这种表述，阐述了股价是主要矛盾的晴雨表。注意，这里说的是中短线股价，而不是长期。长期股价，我一直认为是企业盈利的外化。

这里的矛盾，是哲学层面的表述，是指一种失衡状态，一种对立和统一的关系，并不是世俗世界里的仇恨和人际不和。

股价反映主要矛盾，并不制造主要矛盾，应该搞清楚关系。本文是事实判断，不是道德判断。希望理解。

什么才是大级别题材？答：五个共振！

人和人不一样。

有人是百亿级别的富翁，有人是一亿级别的，还有人是千万级别的。有人名垂青史，彪炳史册；有人过眼云烟，沧海一粟。

这就是级别的差异。

股票和股票也有级别之差，比如有的是长达十几年的牛股，而有的在 ST 和退市的边缘徘徊。

而股票背后其所属的赛道、行业、题材，也有级别。有的是朝阳行业，有的行将就木。

正是因为有级别的存在，我们才需要有战略思维，而不仅仅是见招拆招、疲于应付。

今天，跟大家聊聊题材的级别。

无论是主题投资，还是情绪投资，都很看重题材的级别。那么，什么是大级别的题材，什么是小级别的题材？或者说，用什么来衡量级别？

我的答案是：五个共振。

哪五个？

第一个共振：一级和二级共振

我们已经上市的股票交易，叫二级。风投投入的，还没有IPO的，那种叫一级。如果有一个题材，不但二级市场在讨论，在炒作，一级市场同时也在热议和追捧，这就叫一二级共振。一旦出现这种情况，那么妥妥的，这个题材的级别就比较大。最典型的是当年的互联网+。二级市场热很常见，二级市场几乎每周都有几个热点，但一级市场相对比较严肃，不可能每周都有几个热点。一级市场对基本面挖掘得比较早，往往是一级市场热了很久，二级市场才跟着炒。但如果有一个题材比较新，一二级同步在追捧，那这个题材就是大级别的。

第二个共振：中美共振

中美两个国家，代表最大的发达国家和最大的发展中国家，一个技术先进，一个应用先进和场景多。中美的新生事物，基本上就可以代表全球。如果一个题材，美国在追着炒，中国也在追着炒，那么这种题材比A股单独热炒要高级很多。以前，都是美国先炒一个题材，三个月或者半年后A股跟进，A股比美股慢一段时间。但随着互联网发达和信息发达，特别是随着大家对中美联动逻辑的认可，这个时间差在缩小，甚至出现同步炒作。这种情况，一般都是大级别题材才可以做到。

第三个共振：机构、游资与散户的共振

一般而言，投资主体之间有歧视链，公募看不起私募，私募看不起游资，大家一起看不起散户。为什么？因为上一个主体觉得下一个主体不讲价值，不讲基本面，在瞎炒。我们经常看到，一个题材如果只有散户和游资在折腾，往往无法持续，因为缺乏机构的认可度，没有超级资金进来。但大家想过没有，如果一个题材，公募、游资和散户都认可，都去炒作，会是什么样的壮观场景？我曾经记得，当时炒作芯片的时候是这样，炒猪肉的时候是这样，炒OLED的时候是这样，炒作碳中和的时候、炒锂电池的时候，都是这样。结果，这些题材的生命力和持续性最强。所以，我们只要发现一个题材，能够统率不同的投资主体，那么这个题材就可以赋予大级别的定性。

第四个共振：时间共振、周期共振

所谓时间周期共振，就是题材来的时间是市场低点，是人心思涨的时候，这就是好的共振。如果题材来的时候是市场高点，比如5000点，就是不好的共振。比如去年元旦左右，市场跌出很大的空间，人心思涨，那个时候来一个信创题材，就恰如其时。

所以，我们看题材不仅要看内容，还要看来的是不是时候，是不是同时符合周期规律。

第五个共振：政策共振

政策共振就是政策支持，而且政策不断出台，符合国家导向。有的题材是瞎炒，政策会打击，炒作容易夭折。而有的题材，政策不断给予背书。这种题材，往往会是大级别。这些年，政策共振的题材有"一带一路"、新能源、碳中和、自主可控等。

以上五个共振，就是我思考级别的维度。需要说明的是，很难有一个题材同时具备五个共振。常见的情况是，某个题材只具备其中几个共振。这种情况下，就需要灵活定性和取舍。

以上五个共振中，我认为首先应该思考的是第三个和第四个。

有没有一种情况，以上五个共振同时来临？有！我印象当中是2012年以后的互联网，还有2006年后那段时间的房地产。所以，那是超级的题材。

我们常说，投资要等待。等什么？其实就是等待尽可能多的共振的到来，等待大级别！

如果一个共振都没有，就不要瞎炒。而如果共振越来越多，那就放开手脚吧。

因为共振越多，

越是在借势，

越是在做大级别的事情。

你说呢？

题材的"公平性"

很多人都知道题材的重要性。

所谓主线也好,热点也罢,都要依托在一定的题材上。

但大家仔细想过没有?

有的题材好赚钱,有的题材难赚钱。

同样是题材,有的题材别人早已拿到底牌,而有的题材所有人在同一时间拿到底牌,请问哪一种更公平?

当然是后者。

这就是题材的公平性。

有的题材虽然在你这里是题材,但在别人那里,早已经布好了局,或者早已经知道新闻和事件的节奏,这就是不公平的题材。

比如,疫情防控新十条出台后,大量人群出现发热、咳嗽,需要退烧药和咳嗽药。这种题材相对而言,就具有公平性。当然,绝对的公平是不可能的，有人得过新冠，知道会咳嗽和发热，他有一定的优势。但相对于绝大多数国人对新冠的认知而言，这个题材还是具有相对公平性。因为大家都是第一次得嘛。

而有的题材，特别是那种政策性题材，也许有人很早就知道了，那么后来你所看到的所有风景，都是别人展示给你的。这种题材，就没有那么公平。

公平性的题材，大家几乎在同一起跑线上，相对而言，赚钱容易一些，定龙也容易一些。

非公平性题材，无论龙头还是补涨，几乎都是别人制造好的，等君入瓮而已。这种题材，赚钱的难度就大一些。

每当一次大级别题材来临的时候，我们除了兴奋，也要搞清楚，这个题材是公平性的，还是非公平性的。

对于公平性的题材，其龙头一定是打出来的，是换手换出来的，其补涨和白马中军，也不是钦定的，这种题材做起来就很好。而非公平性题材，也许你看到的一切，都是布局好的。

我们翻看前段时间的房地产题材，就是中交地产、深振业 A 那一波，我们可以明显地看到，房地产新政这个题材，一定有很多人提前知道。这种题材不具有公平性。所以大家发现没有，那一波的房地产也是最难做的。因为各个关口的典型股，都已经被提前潜伏好了。无论你用什么战法，也干不过"先知和布局"。

所以呀，我们再遇到下一个题材的时候，一定要问自己，我要做的这些股，是别人半个月前都知道的吗？或者说，我是在别人的自留地上玩吗？

如果是，悠着点。

周期的三个世界

周期其实有三个,或者说三个世界各有各的周期。

第一个周期是游资周期,通常表现为情绪,可以说是游资的世界。

第二个周期是机构周期,通常表现为估值驱动或者指数驱动,可以说是机构的世界。

第三个周期是群众周期,通常表现为追涨杀跌,看各种自媒体,看别人的复盘文章,跟大 V,跟各种群炒作,是典型的新闻驱动或噪声驱动。

上述三个周期中,谁最重要?

有人认为是游资周期。但如果游资周期无法获得机构周期的支持,那么游资周期经常会面临各种试错风险,试错 N 次,有时能正好踩在节点上,但更多的时候未必能试错出新周期。

什么时候游资周期突然会时来运转?

因素很多，今后我再专门逐一分析，这里只提一个：遇到机构周期，就是游资周期被机构周期加持。

需要注意的是，机构周期并不仅仅指公募周期，而是指以机构思维为核心，以价值、估值判断和产业逻辑为导向的交易者的周期。可以是公募，也可以是私募，还可以是大户，甚至还可以是机构思维化了的顶级游资。

特别需要注意的是，机构周期的起心动念是价值判断、估值判断，而游资周期的起心动念是情绪判断。

游资周期喜欢去找冰点，找否极泰来的转折点，喜欢去占先手，喜欢涨停板和卡位。

而机构周期则更喜欢去找赛道，找估值最好的头部企业，找基本面对标，机构周期不在乎转折点的那一"点"，而是在乎行情的确定性的"那一段"。

也就是说，机构周期对于"先手"没有那么紧迫，它更在乎"后手"。

什么是群众周期呢？就是乌合之众的周期，跟着噪声走，不再详细分析。

重点是看机构周期和游资周期的共振性。

二者共振，容易出现大行情。二者不共振，游资周期容易来回试错，来回遇到冰点—回暖—冰点。

这么说游资周期不重要了？

不，它也重要。

但这主要针对水平很高的人，可以把别的游资作为食物的人。如果玩不过它们，最好放弃游资周期，接受机构周期。

因为机构周期具有稳定性和时间上的波段性。

需要说明的是，游资周期可以表现为妖股反复高举高打，但是市场未必具有广泛的赚钱效应。

只有机构周期市场才表现为赚钱效应。

如此看来，对于绝大多数人，真正有意义的是机构周期。

那为什么很多人在乎游资周期呢？

因为很多人都会高估自己的能力，认为自己是凌波微步的人。

而事实上，一年之中，诸位可以回顾一下自己，哪一次赚大钱不是在机构周期中？

不要高估自己，与自己和解，主动放弃一些超一流游资才能抓住的周期，对于绝大多数人来说，是最好的选择。

所谓退步原来是向前！

如此是也。

周期最大的价值在哪里？

周期最大的价值在哪里？

很多人在这个问题上存在误区，或者说把周期最大的价值用错了。

比如，目前大众最在乎的是周期转折点，即否极泰来，简言之：

> 追求最佳的某个点、某个瞬间、某个交易日。

事后看，确实存在某一日，某个瞬间，那一瞬间是周期的转折点，是否极泰来点，是转折日。

理论上，如果在那一瞬间、那一日买上龙头，就是神之一手，就是至高境界。

很多人也认为，判断出这个转折点，拥有这个神之一手的能力，是最重要的。

所以，很多人天然以为，周期最大的价值就是对转折点的识别，在于在转折点上占有先手。

但我认为这不是周期的最大价值，甚至是周期的误用。

为什么？

其一，追求周期转折点、转折瞬间和转折日，追求这种先手，必然会反复试错。如果周期下降期很长，那么试错的代价会很大，会反复多次试错。

其二，即使试对了，请问：试错期的仓位你敢放多大？

其三，追求转折点的思想，是一种完美主义、理想主义的思想，这种思想用久了，会变成精致的战术，而不会衍生出浑厚的战略。凡是用这种思想久了的人，一定会在操作上斤斤计较、精打细算，得于短必然失于长，得于精微必然失于磅礴。

那么，什么是周期的最大价值呢？

我以为，周期最大的价值在于对周期级别和性质的判断，以及对上升周期确定之后，股票之间套利关系的把握。

也就是说，周期最大的价值在于对周期级别、性质、周期成色和质量的分析，简言之：周期有多大；周期能持续多长；周期如果确定来了，如何选择里面的股票。这才是周期最有价值的地方。

而很多人在这个地方下的功夫不够，或者重视度不够，却在怎么识别周期转折点上皓首穷经。

当然，我并非否认转折点的价值，但我更在乎转折力度和级别。

高瓴资本的张磊说：

流水不争先，争的是滔滔不绝。

周期在某种程度上也是，其最大价值不在争先，而在争滔滔不绝久远之势。

这是一种哲学思想，这种思想与目前流行的情绪周期可能不一样。

如果按照这种思想来，我们就不必挖空心思去寻找转折点，而是把大量的精力和时间放在分析周期级别以及级别确定之后如何套利上。

这其实是和自己和解，不去追求最佳点，不去做神之一手的事，而是去做趋势和周期的延续点。

不在"点"上努力，而在"线"上发力。

周期价值：赛道与主角

除了周期的级别与性质，我认为赛道与主角的识别也大于转折点的价值。

赛道是什么？

可以通俗地理解为主线、方向、行业、产业。赛道思维源于体育词汇，流行于互联网和风投行业，但我觉得用在龙头战法上最合适不过。

主角是什么？

可以通俗地理解为赛道里面的核心股，包括龙头妖股，但不限于。

看清楚一轮行情在哪个赛道展开，主角是谁，比在所谓转折点卡位更重要。因为转折点只是瞬间的事儿，而赛道是千军万马将要征战的疆场，是徐徐拉开序幕的舞台。主角呢？则是在疆场征战中统率千军的主帅以及最能冲锋陷阵的将军。

对于一轮轰轰烈烈的周期，最重要的不是妙到毫巅地卡住转折点，而是周期来了之后，知道主攻赛道以及接下来的主角。

很多人说，这还不简单吗？

不简单！

比如，2020年底出现一个周期转折，很多人把宝都押在医美上，认为它是主赛道。结果呢，白酒才是这轮周期的核心赛道。真正让人赚大钱的主角不是不可一世的朗姿股份、悦心健康，而是各种各样的白酒股。

只可惜，很多人把大部分精力放在转折点的判断上，为了情绪的冰点、分歧、高潮这些东西，耗费太多注意力，结果失去了对赛道的战略投入。

做大事和做小事，二者都会消耗你的精力，甚至是同样的精力，对转折点的精力投放用力过猛，必然影响对赛道的精力投放和战略倾注。

而赛道一旦搞错，即使抓对了周期，抓到手的也可能是一手鸡毛。

再者，周期转折是瞬间的事，小则盘中的某个瞬间，大则一日两日，过了就过了。

而赛道对错则贯穿周期的全过程，在周期的任何阶段，我们都要问自己：主赛道是什么？我在不在主赛道上？我有没有偏离赛道？主赛道有没有转变？

如果这个问题搞错了，战斗力越强，越可怕。

因为，你很可能浪费掉一个周期。

凡是得不到周期祝福的高标，都是苦命的孩子

很多人喜欢追逐连板和高标，甚至把它模式化，再甚至，他们见到高标和能涨，都直呼龙头，并不顾一切地追逐之。

其实，这是对龙头的误解，也是对追高的误解。

我们说，龙头是一段势的载体。如果这段势是往上的，那么，领航的那个高标是幸福的，因为它得到了周期的祝福和庇护。

但如果势是混浊的、退潮的、扑朔迷离的，高标则很容易沦为苦命的孩子。

可以这样说，凡是得不到周期祝福的高标，都是苦命的孩子。它们随时面临着被抛弃的危险。

凡是得不到周期祝福的任性，不但不能视为勇气，反而是胡闹和鲁莽。

所以，我们看股票、做股票，不能简单地按图索骥，不能简单地

模型化、模式化、招式化，而应该把一个股植入当时的环境和氛围，看看是上升的势，还是崩溃的势；是得到周期的祝福，还是被周期"诅咒"。

炒股之难，就在这里。

这也给那些指标派和模型派敲响警钟：不要把招式奉为神明，前几天帮你大赚的，后几天可能帮你大亏。其根本原因不在于特征和招式，而在于其背后的氛围和升降状态。

也就是说，即使我们要认神明，也不能认图形和模型为神明，而是认背景和势，认周期的升降沉浮。

如若不信，我们可以看看躺在跌停板上的那些高标，它们跌之前，跟以前那些光鲜亮丽的股票，就其皮囊和外形而言，有何区别？甚至，它们的皮囊更加富有吸引力。

但它们没有得到周期的祝福，或者说，它们来得不是时候，被周期"诅咒"了。

这种"诅咒"对低位股来说，也许没有大碍，但对高标来说，那就是致命的。

因为它们任性到高位了。

高位的股票不是不能做，如果要做，必须得到周期的祝福。否则，一定是苦命的孩子。

股市里，演员常变，但剧情不变

最近看篇文章，说的是周期。

文章提到，被大家深信不疑的消费赛道，其实并非一开始就是永恒的好赛道。刚开始的时候，周期赛道更性感。其举例是美国的可口可乐，这是消费中的消费，但是近些年，加上分红还远远跑输大市。

去年和前年，因为消费这个赛道处于长牛，于是很多基金经理和研究员就想当然地以为：这种情况能够永恒。

永恒这个词，我一般不敢用，但私底下我看很多人经常用。

还记得炒 20 厘米的那段时间，很多人以为 20 厘米能代表未来，能够永恒，甚至为此很多人放弃 10 厘米的了。结果没有过多久，20 厘米的就被搁置到一边，这个"永恒"的保质期仅仅 3 个月。当然，我不否认也许过段时间，20 厘米又回来了。

还曾记得有个超级大V，深信科技能够永恒，原因是科技代表国家未来，于是就给自己的粉丝推荐了几百个股，几乎都是科技，但之后科技股就一路下跌。那个永恒持续时间更短。

在股市待得越久，越发现找到永恒的投资标的很难。

所以，我把我的方法归结为中短线，就是把长线变短，把短线变长。

那股市有没有永恒的东西呢？

我觉得没有，但是相对永恒的还是有。比如路径和逻辑就是相对永恒的。

或者这样说，外在东西难以永恒，内在的东西可以相对永恒。

外在的东西就是具体某个赛道、某个行业、某个股票，这些东西无法永恒。

内在东西就是股票上涨的套路、玩法、路径，这些东西可以相对永恒。

我们常说的太阳底下没有新鲜的事物，指的是炒作的套路。比如100年前利佛摩尔炒作伯利恒钢铁，与2015年前赵老哥炒作中国中车，与2020年炒作爱美客，再与2021年上半年炒作碳中和，讲故事和用赛道的套路，100年来基本没有变化，但套路里面的具体主角一直在变。

剧情一直不变，演员常变。

所以，我反复研究和在乎的其实是剧情，而不是演员。

股市里那些不因涨跌而改变的信条

有些东西，不因涨跌而改变。

为什么特别强调这句话？因为很多人的观点太随着涨跌而改变了。

在股市里，存在大量利益之争，而非真理之争；存在大量短期规律之争，而非长期规律之争。

比如，最近某类股跌了，可能那类股所有的规律都被谩骂和遗忘。其实被骂的并不是规律本身，而是因为亏钱了。也就是说，大众感兴趣的根本不是规律，而是得失。

所以，理性而冷静地讨论股市，就变得非常珍贵。

现在就冷静地跟大家交流下那些不因涨跌而动摇的信条。

一、赛道

赛道这个词曾经很火，后来白马股跌了，赛道的说法也降温了。

仿佛赛道就等于白马，或者等于白酒、新能源。这是典型的机械思维。

其实，赛道一直存在，多年前就被引入投资领域，特别是一级市场。我本人也一直喜欢赛道这个词。我在 2020 年第一季度就开始在普及赛道这个词以及赛道思维，大家可以看看我以前发表的关于赛道的文章（《龙头、价值与赛道》一书有详细介绍），当时我写了很多篇关于赛道的文章，我引入赛道这个词的时候，其他自媒体都还在讨论情绪和热点，只是第三、四季度，白马和新能源比较火了，其他人才天天说赛道。

为什么我那么喜欢赛道？因为赛道思维太重要了。在我对股市的认知里，大资金围绕赛道来做股票，赛道选得好，纲举目张；赛道选不好，疲于奔命，只见树木不见森林。

赛道不因涨跌而改变它的魅力。比如 2021 年，市场并不好，但赛道线索却清清楚楚，那就是碳中和。直到 2021 年中，市场的核心还是碳中和。赛道思维树立了，可以不让我们跑偏。

2020 年，年中炒网络直播赛道，秋季炒作免税赛道，年底又集中炒作白酒和新能源赛道。用赛道思维去看股市，可以俯视鸟瞰，对市场脉络看得清清楚楚。

丢去什么，我也不愿意丢去赛道。

二、抱团

很多人把"抱团"机械地静止为某几个股票，而不是一种行为，或者是一种运作股票的方式。

在我的眼里，抱团就是力量往一处使，抱团的股票才是好股票，不抱团的股票是乌合之众。

力量聚则龙头生，力量散则牛股崩。

聚散就是抱团与瓦解。

我看股票一般都是先看哪个赛道有资金抱团，有则进，没有则不进。有时候我就纳闷，不抱团股票能涨吗？

即使炒碳中和、炒钢铁、炒电力，也是抱团最紧的股票最赚钱。

三、周期的三个世界

万物皆有周期，情绪股有情绪股的周期，机构白马有机构的周期。任何股都不会一直涨，涨到周期末端都会出货，然后换一个故事重新来过。

因为有周期的存在，所以我们特别在乎周期的起点和顶点，也在乎周期的级别和持续时间。

周期思维告诉我们，一切皆是轮回。就像历代王朝兴衰一样，任何一个赛道和龙头，也有兴衰。但兴衰过程中的教训和规律，永远值得我们去总结和应用。

很多人不在这个层面去思考股市，反而去谩骂股市。不得不说，他们对股市只有利益思考，而没有规律思考。

在我眼里，任何一个暴涨几倍的股票，无论其终结多么惨烈，其兴衰的规律都值得我们反复去研究，并从中汲取智慧。

并不是说一个股票见顶了，暴跌了，就否定这个规律的一切，甚至否定自己曾经在这个股票上赚钱的一些思路。

铁打的营盘流水的兵。股票可以来来往往，但其规律必须留下。

四、龙头：一花三叶

龙头简单地划分可以分为两种：价值型和情绪型。如果细分可以分三个类型，分别是：股权龙头、白马价值龙头、黑马妖股龙头。

此三即为一龙三脉，或者一花三叶。

其中，龙头任何一种形式结束后，龙头规律并不消失。比如，天山生物见顶终结了，黑马妖股龙头规律并没有消失。同样，茅台见顶之后，股权龙头的规律也不会消失。

相反，龙头规律在我眼里生生不息，永续流转。就像春天过去，明年还会有春天。

任何时候任何赛道来临，首先选的都是其中的龙头。

做情绪要做其中的龙头，做价值也要做其中的龙头。

市场瞬息万变，如果我们跟着市场的变化而随时背叛我们的一些信条，那我们在市场上就无法立足。

我们要做的，就是抽离出市场涨跌背后不因涨跌而改变的一些规律。因为这些规律，会在下一个龙头身上完美附体。

暴跌后，该反思该坚守的

史玉柱说过一句话：

成功的时候，总结的经验往往都是扭曲的；逆境的时候，总结的经验才真实。

这句话用在股市上，再恰当不过。

市场暴涨的时候，所谓的经验和规律，都是"飘"的，经不起时间的考验。只有经历多次牛熊还能有效的经验，才真正有用。

2021年中的时候，量化机器人凶猛，收益惊艳，而2022年量化也被A股残酷的现实收拾得够呛。原因当然很多，但其中一定有这样一个原因：这些量化没有经过完整牛熊的考验，它们中很多都是这两年甚至最近一年，在市场相对温柔的氛围中成长起来的，一旦市场出现系统性下跌，机器人也望洋兴叹。

机器人尚且如此，何况人乎？

我们见过很多股神，在市场氛围好的时候，买卖模型一大堆，个个都是独孤九剑。我见过一个北京的高手，光是竞价买入法就有很多个。当时不想打击他的积极性，但我深知，他的很多竞价买入法，其实与竞价并没有本质关系，主要功劳是市场强而已。

这只是别人身上的例子，还有很多我们自己身上的例子。

我们所有人，我是说所有，交易深处都会存在这样或那样的不严谨、不够本质。这些东西在市场好的时候都会被掩盖，只有暴跌才能让它们露出原形。

从这个角度上，暴跌虽然让我们心痛，但也提供了一次难得的自我革命的机会，难得的系统性反思的机会。

特别是，只有暴跌才能进行真正的反思，上涨的时候，人是不会反思的。所以，在暴跌中，如果我们失去了钱，请不要再失去用钱买来的反思机会。

这次暴跌，我认为至少能反思以下东西。

一、独立思考，孤身迎敌

没有一个人可以靠别人推荐股票致富，投资的本质是认知和品性的变现。如果认知没有到，个人品性没有修炼好，无论谁给你推荐股票，无论你参加多少圈子，都难以赚到大钱。

当然，这不是否认交流和扩大人脉的重要性，而是说，交流和交际只有建立在自己"有"的基础上，才有意义。"有"什么？

有系统；

有认知；

有批判；

有取舍。

特别是有批判这一条。如果一个人没有批判，他几乎就不应该出来交流。我们每天面对无数信息和机会，如果没有批判的思想武器，这些机会和信息一定都是来害你的。

当我们"有"之后，才能百毒不侵，才敢面对一切。

所以，我们的交流，最好少去交流别人看好哪个股票，别人买什么，而是多去交流别人的智慧，别人的认知，别人的哲学。通过这个层面的交流，来提高和加强自己的系统。

一两个股票算什么？万事之规律才重要。不要只谋一事，要谋万事。

我们永远不可能靠别人给我们股票过日子，而是要有自己的研究和决策能力。

投资做到最后，还是需要一个人面对市场，还是需要孤独地决策。凡是不想孤独，凡是希望别人给自己"把关"，结果一定是一塌糊涂。

这个世界上很多东西需要团队，需要协作，人越多越好。其实投资的基础工作也是如此，必须收集信息、研究行业、调研等。但投资的顶级工作，比如买卖决策，必须孤独。

就像战争一样，战场上的很多东西需要协作，比如后勤补给，比如信息情报收集，比如战场布置，但战争的顶级决策，必须主帅孤独地去完成。

谋可寡而不可众。

投资中越是顶级的决策，越是要孤身迎敌。

所以，我们自己，包括诸位，是孤独还是从众？

二、什么方法才能对抗暴跌？

这几天很多人留言问我，什么方法可以抵抗暴跌？什么绝招和技术可以在暴跌中抓住龙头？

我觉得这个问题很危险。

暴跌中，绝大多数股票都跌，这是大概率。极少股票上涨，这是小概率。为什么我们要去寻找小概率的学问和方法呢？

我认为，抵抗暴跌最好的方法是空仓，是不做，是休息。

前几天有个人问我，暴跌中你怎么不说龙头战法了？（这个问题后面会有更深刻的回复）我回复道："龙头战法又不是傻子战法，我在《龙头、价值与赛道》第三章第五节写得清清楚楚——龙头战法千万条，看天吃饭第一条。"

其实提这个问题的人，思想深处就有一念：有没有一种方法，任何时候都能赚钱？

也许有，但也是亿分之一。对于大多数人，暴跌中空仓，是最好的选择。

人不与天斗！

三、资金管理

无论怎么暴跌，无论能不能管住自己的手，无论方法有多差，都有可救的余地。但有一种失误，没有可救的余地，那就是资金和仓位失控。

平时写资金管理和仓位管理的文章，喜欢看的人不多。写战术和细节类的文章，看的人非常多。主要原因就是很多人认为资金管理"泛泛而谈"，仿佛和自己关系不大。

其实错了。

我认为最高智慧就是资金管理。关于这方面，我有一篇文章，大家可以去认真看，这里只引用其中的局部：

（1）永远不要贷款炒股、不要透支炒股、不要借钱炒股。这是资金管理的第一个原则。

（2）永远不要把100%的资金放在股市，因为股市有"黑天鹅"。一定要为自己留后路。

（3）一旦大盘出现系统性风险，必须把股市账户资金转到银行账户一部分。这是强制隔离，釜底抽薪，让资金隔离出来，防止一冲动就受到诱惑去开仓，更防止急于扳回、急于报复、杀红眼。

（4）无论市场好坏，投入股市账户里的钱分几个账户，就是多开几个户，不要把资金集中一个股市账户。万一某个账户失控，不至于波及其他账户。

（5）即使大盘走牛，牛市来了，也不要把自己所有的资金都拿到股市上来。假如你有100万总资产，我建议最多，不要在股市投入超过80万。为什么？因为，如果能赚钱，你有那个本事，根本不用投入你100%的资金量。我见过很多股民，请人吃饭都要提前卖股票，这种股民的结局一定是悲惨的。

这些东西，是高于任何战术和技巧的最高智慧。

四、龙头战法

接着上面那个问题，暴跌中龙头战法怎么失效了？
其实提出这个问题本身就暗含着一个极大的误区：

希望龙头战法作为一种方法，解决市场暴跌问题。

而事实上，市场暴跌（或者熊市来临），连政府、管理层都不一定能解决，一个投资流派和投资方法怎么能解决呢？

投资中的所有流派和方法，本身都是中性的，方法本身不会对涨跌负责，也不是为了解决熊市而存在的，而是为了趋利避害，当市场好的时候多赚，当市场不好的时候少亏。

我们不能因为自己学会了、掌握了某一种方法，就希望这个方法成为永动机，一年365天给自己赚钱，甚至不顾天时、不管牛熊。这是不现实的。

好的方法，应该首先学会择时。

事实上，龙头战法中的周期理论和时间价值，就是专门解决这个问题的。

我们曾经写过龙头战法的"大周期理论"：三个周期、时间价值等。选择时间，在正确的周期做，本身就是龙头战法的一部分。

我们不能只看一部分，忘记其他部分。

这里稍微展开说一个话题：自媒体。无论微博、微信，还是抖音，还是其他自媒体，它们有一个好处就是新，就是及时。但它的缺点是碎片化，不成系统。如果要系统地掌握一种投资方法，最好的做法还是去读书，去看专著。只有书，才能系统地面面俱到地解决问题。

单篇文章无论多精彩，都只针对一个细节、一个问题展开，只有读书，而且多读，才能构架一个系统。

好，继续说龙头战法。

龙头战法是投资中的一个流派，它的核心思想是第一性原理和头部逻辑，所谓百万军中取主帅首级是也。

这个方法不是在检测试剂医药股上涨中总结的，也不是在锂电池赛道股上涨中总结的；也不是在碳中和和医美股上涨中总结的，也不是在上半年乃至过去几年在市场相对牛市的氛围中总结的，而是在多轮牛熊中总结的。

龙头战法的一些规律和原理，不是我一个人发现和总结的，而是多人共同发现和总结的，不是中国的某个人发现和总结的，而是国内外很多人共同发现和总结的。

龙头战法投资流派提倡的投资思想和方法原理的最大价值是构

建一个人的交易系统和投资哲学，提高一个人的交易境界。

它无法解决市场是牛市还是熊市的问题，但它可以解决你个人参与市场的时候，是以何种方式去思考和交易的。

本轮暴跌，我不但没有看到龙头思想有问题，反而看到，如果不坚持龙头带来的诸多问题。

如果坚持的是龙头，如果从来不去碰杂毛、跟风和补涨，伤害一定是最小的。

很多人在非龙头上做，出现问题把账都记在龙头上，本身就是不敢直面问题。

并不是说龙头不会带来伤害，龙头没有缺点，事实上，龙头在暴跌的时候，也会回撤，也会伤人。

但一旦市场回暖，最先扛起旗帜的，往往还是龙头。龙头无法解决牛熊问题，正如再伟大的英雄也无法与天抗争，也无法做到不让冬天来临。

但对真的龙头信仰者来说：暴跌过后，会依然选择拥抱龙头，恰如冬天过去，会依然选择拥抱太阳！

分享一则"战略"故事

元朝末年,有三股势力进行最后的角逐,分别是朱元璋、陈友谅、张士诚。

野心勃勃的朱元璋当然想灭掉其他二者,雄霸天下。但朱元璋面临一个战略困局:

如果攻打张士诚,则陈友谅可能会偷袭他的后方;如果攻打陈友谅,又担心张士诚联合陈友谅打他。如何才能避免陈友谅和张士诚联合,又能把他们逐个吃掉,这是一个很大的战略难题。

朱元璋是天生的奇才,他当然明白不能两线作战。古今中外,无数政治家和军事家都在避免两线作战上绞尽脑汁,比如一战中的德国,再比如三国时期的诸葛亮主政的蜀汉。而很多失败的案例,往往都与两线作战有关,比如希特勒的巴巴罗萨计划。

话题还回到朱元璋的困局中,他到底如何打才能避免张士诚和陈友谅联手？诸位读者，如果你是朱元璋，或者你是刘伯温，你应该怎么选择？

这就是战略。

其实战略有时并不玄，它很实际，就是要找出一条妥善的出路，能让所有的精力聚焦在最关键的地方。

那么，朱元璋的这个战略难题应该怎么解呢？

老朱是这样破题的：聚集战略力量，先干掉陈友谅。

对，这就是朱重八的战略选择。

这个选择，当时很多人不懂。因为陈友谅彪悍、勇猛、实力强大，而张士诚则温顺、保守、偏安，且力量偏弱。很多将领认为，柿子应该先拣软的捏，应该先干掉张士诚。

而朱元璋则不这样思考。

朱元璋内心的战略思考是这样的：

陈友谅实力强大野心也大，张士诚偏安保守且野心有限，正因如此，陈友谅偏进攻，张士诚偏防守。

如果先攻打张士诚，陈友谅必然去攻打朱元璋的大后方金陵，因为陈友谅不会浪费任何一个好机会。如果这样，则人为地让陈友谅和张士诚联盟，朱元璋必然腹背受敌，两线作战，凶多吉少。而且，陈友谅本来就善攻，张士诚本来善守，朱元璋等于同时碰他们两个的长处。

如果先攻打陈友谅，虽然是一场血战，但战争的残酷会震慑张士诚，以张士诚偏安之心，必然不敢大举去攻打朱元璋后方。而且，朱元璋看透了张士诚，此君爱贪便宜，他一定会坐山观虎斗，最多也就是趁着朱元璋跟陈友谅杀红眼的时候，去掠夺和骚扰一下，不敢兴兵来扫荡朱元璋的大后方。因为张士诚内心就没有一统天下的期许。

老朱正是抓住了张士诚的心理，下定了先灭陈友谅的战略决心。

应该说，朱元璋这个战略判断和战略选择非常对。

朱元璋跟陈友谅鏖战的时候，张士诚只是象征性地骚扰；而当朱元璋最后去攻打张士诚的时候，遭到了张士诚顽强抵抗。朱元璋其实有点后怕，如果当时先攻打张士诚，久攻不下，陈友谅一定会把朱元璋的老窝金陵搞个底朝天。

朱元璋不愧是政治天才，在力量复杂的博弈中，敢于先拿强者下手。而整个博弈中，张士诚畏首畏尾，懦懦弱弱，没有在朱元璋与陈友谅鏖战时，去帮陈友谅一把，维持一下三足鼎立格局，结果当一足失去，自己也就成为下一个待宰的羔羊。

战略博弈中，没有固定的朋友和敌人，也没有道德什么事儿，只有生存和未来。战略的最大意义，在于让我们能够有更大更好的生存和发展空间，而不是空谈什么恩怨情仇。

一切，都是服务于未来！

持股能力：最容易被忽略的能力

千万不要"在主升的股票上做短线，在不死不活的股票上死拿做长线"

很多朋友都容易犯一个错误，或者说陷入一个误区。那就是：在一个不死不活的股票上，死拿做长线，而在真正主升浪的股票上，却去做短线。

这样做最大的缺陷是，真正的主升浪不敢吃，顶多咬一口就跑；而那些不死不活的股，却抱得紧紧的，以至于浪费了大量时间。最可恶的是，后者往往从不死不活慢慢变成真的死去。

这种死去，就是趋势性的下跌。

人容易同情弱者，那种不动的股票，天生就容易给人一种安全感，虽然这种安全感很虚假。很多人在一个一潭死水的股票上能持股很久，但这种持股的劲头和精力却一点也不分给主升的股票。

太多的人，遇到主升的股票不是去持股，而是去咬一口，然后逃之夭夭。

说起来也奇怪，主升浪才是我们利润最大的来源，遇到主升为什么不去死拿呢？

也许，很多人内心是害怕涨的，是驾驭不住涨的，只是他从来不觉得。

要不然，你怎么去解释，那么聪明的人，不死不活的横盘区都渡过了，为什么刚上涨就吓跑了呢？

同样面对阴线和洗盘，横盘区、下跌区、不死不活的地方无论怎么出现大阴线，无论怎么洗盘，都动摇不了持股的意志；而主升浪区，随便一个阴线或者不涨停，就把自己吓个半死。这种情况太常见了。

事实上，这是一种典型的战略短视，也是一种没有进行深刻反省的交易恶习。每个人在成长过程中都会经历这么一段，当然我本人也曾经被这个恶习干扰很多年。

后来，经过深刻反省，我认识到，在股市里，我们最铁的盟友和最伟大的朋友，是已经在涨的势，是正在发生的主升浪，而不是已经过去很久的和还没有发生的主升浪。

我们要做的，就是拥抱这种主升即可，直到这种主升结束。

我们要把最大的精力和情感，倾注在怎么与这类股发生关系并一路相伴，而不是抱着那些不死不活的股票去做明天的美梦。

如果要谈格局，要谈持股，也是尽量跟这种股票谈，而不是跟那种明显下降的股票去谈。

无论面对涨停、大阳线还是某日洗盘的阴线，我们都把最好的脾气和容忍给这类股，而不是给那些不死不活的股。

恰如，请把你的爱和好脾气给那个正在爱你的人，而不是给从来没有爱过你的人。

你说呢?

你为什么拿不住股？

很多人拿不住股，稍有风吹草动，就容易被洗下车。

事后总结原因时，他们总是埋怨"庄"太狠，或者分时太颠簸。

其实这是一个定力问题。

定力好的人，不但能拿住股，反而在股票晃荡的过程中伺机加仓；定力不好的人，股价稍微经历"风雨飘摇"，甚至分时图级别的"虚晃一枪"都容易逃之夭夭。

当然，并非谁天生就定力好，关键要逐渐培养。

那么定力从哪里来？

是什么让你在股价"飘忽不定"之中，依然还能坚定地持有某股？

这个问题我思考了很多年，有些能用文字说清楚，有些难以用文字表达清楚。在这里，我把最重要的思考分享给大家。

> 我思考的结果是：不要过于在信号上纠结，要多在选股上下功夫。

很多时候，我们拿不住股票，主要原因是太在乎信号，太容易被信号牵着走，平时总结和思考股市规律的时候，爱以信号为窠臼，什么盘口绝招，什么分时技巧，什么MACD，什么放量，什么烂板，什么背离，什么走坏，等等。

这些都是信号层面的东西，并非它们没有价值，而是说，如果你的交易以它们为中心，如果你过于沉迷于其中，那么，在"兵荒马乱"的市场之中，你就很容易被其中的一个或多个信号甩下马。

我炒股的前些年，最大的弯路就是在信号上花了过多的时间和精力，自己觉得掌握了很多绝招，其实都是在信号的世界里打转。

并非说信号有错，而是如果仅仅看到信号，看不到信号背后更大更高维的世界，那么终其一生，也难有大作为。

后来我终于明白，信号背后股票本身的对错，要比信号大一万倍。多下功夫思考股票的对错，多下功夫选对股，才是更高维度的东西。

现在，如果选股关不过，或者说股票我看不上，我根本不把它放入自选股。它的任何信号都与我无关，我只在乎我看重的股的信号，即选股对于我而言，永远是第一的，是战略级的。我不会再让信号牵着我走，而是让好股牵着我走。

我也曾经花费大量的时间研究分时图，美其名曰绝招。后来发现，过于在分时图上用力，也是得不偿失的。所以，很多人在后台让我写分时图和盘口，我总是不想写太多，因为那是微观层面的东西，过于在乎，容易在"观大略"层面迷失。

更关键的是，对微观的小规律过于迷恋和沾沾自喜，就一定会失去定力层面的势大力沉和岿然不动。

我们容易拿不住股，其实最关键的就是以信号为中心，而不是以股票为中心。过于迷信交易能力，而忘记选股和持股能力。

最后，分享一个超级大佬在这方面的心得。我曾经亲自请教他投资的真谛，他说，投资比的是谁

> 看得准，
> 看得远，
> 敢重仓，
> 能坚守。

说得太好了，每当我迷茫时，耳边都会响起他的话。

对了，本文标题"你为什么拿不住股"的中"你"，其实不只指你，也指"我"自己，因为我也经常犯这个错误。

不过，犯错不可怕，我们要知道问题所在。

龙头是一段周期内的"长期主义"

有的人只陪伴我们一段，而有的人则陪伴我们一生。

如果人生也是周期的话，这句话可以改为：

有的人陪伴我们局部周期，而有的人陪伴我们整个周期。

比如，2015年的牛市，在那个大周期中，我记得中国中车几乎陪伴全周期。当然，那个时候还没有那么多周期理论。再比如2022年，信创周期，其实竞业达是陪伴"一生"的。

于是乎，我就想，每当一个超级题材来的时候，我们一定要分清楚，什么股可能陪伴"一生"，什么股只跟随我们"一段"。

能够成为前者，才是真正的龙头。而后者，就是套利股。

关于龙头的定义很多，对龙头的理解也随着不同的功夫有不同的感受，所谓"一层功夫一层理"。

经常有人说，市场喜新厌旧。这个道理对不对呢？看放在什么

"周期"。如果俯瞰整个股市，以年为单位，或者以季度为单位，甚至以月为单位，我们会发现，股市确实是"喜新厌旧"，但是如果以日为单位，或者以周为单位，也甚至以月为单位，往往不是。最能赚钱的股往往不是每天冒出的新面孔，而是前几天一直出现的老面孔。

也就是说，在最小周期里的新，往往不如相对大周期的老。真正的好的投资，不是每天去追逐那个最新的品种，而是能够在一段时间内守住最核心的那个股。

换种说法，作为股票，能提供稳定和陪伴价值的股，远远大于提供新鲜亢奋价值的股。虽然后者走马观花，好不刺激。但真正做交易的人都知道，能够发现和反复在前类的股票上做，才能真正赚到钱。而后者，往往饥一顿、饱一顿，大赚一笔，大回撤一次，总体计算下来，能扯平已算不错。

我把前面那种股叫陪伴一生（一个情绪周期）型的股，把后面那种股叫爽"一段"（一个周期的某个阶段，或者某几天）型的股票。

在龙头交易过程，我们会发现，很多人经常把后者当龙头，其实后者大多数是补涨股、套利股或者挡刀的小弟。它们往往分时生猛，突然在人没有发现的时候涨停，突然人气又蹿到第一。但这种股持续性很差，哪天不高兴了又核按钮。

最关键的是，这类股的面孔常换，这两天可以是这个，那两天可以是那个，换得太勤。

而真正陪伴型的龙头则不然，它们就不急不缓地一直在，从周期的初期，到周期的中期，乃至周期的末端，它都在陪着。

历史上最有名的这个类型的股就是九安医疗。中间历经多少新鲜和刺激的股，但都是你方唱罢我登场，只有九安医疗一直陪伴到最后。这种类型的股，才是真正的龙头。

很多人经常说自己喜欢龙头，其实未必。他们喜欢的也许是每天最先涨停、每天人气第一、每天分时图霸道的股。他们喜欢的是一种技术图，而不是陪伴一个周期的韧性、连绵与久远。

如果还不懂的，我给大家打个比喻：

> 龙头是灵魂伴侣，而不是一段风流。

有个著名作家，有次窦文涛问他："您为什么那么爱您的另一半，也没有听过您有花边新闻？"

你猜他是怎么回答的？他老人家说：

> "她身上有我对女人想象的一切，我不需要从其他女人身上去找我没有得到的遗憾。"

这话，真好！

一轮行情，如果有一个股票具备这轮周期所需要的一切，那我还到处去挖掘其他股干吗？

把短线变长，把长线变短

A股正在变化，其参与者很多也都在应变，或者说——转型。怎么转？最核心的就是告别过去的自己，升级自我，迭代自我：

把短线变长，
把长线变短。

大多数游资，或多或少参与打板，有的甚至以打板起家。对于打板起家的人来说，最大的特点不是打板，而是超短思维。就是其交割周期通常就是一天，即今天买明天卖。即使遇到连板会多拿几天，但只要风吹草动马上扔掉。也就是说，打板思维的起心动念就是明天的溢价，其原始动机就是隔日收割，交割周期超短。

那么，这种情况在今天的价值股或者趋势股中，就得转变。怎么转？

答：把短线做长。

什么叫把短线做长？就是买入后，无论是打板买入还是其他方式买入，尽量多拿几天，拿一个波段，拿一个赛道周期。主动遏制隔日交割的欲望。

这要求买入的刹那，起心动念不再是明天，而是很多天；不再追求隔日溢价，而是追求纵深千里。

这就是把短线变长。

这种变长表面上看是交割周期延长，但其背后是思维的转变。

追求隔日的超短，其思维就是短期爆发力，考虑更多的是盘口、封板强度、分时图、K线结构、形态、热点等等。

追求波段的纵深千里，则必须植入主线思维，植入赛道和逻辑思维，加大对基本面的重视，加大宏观视野的东西。

其对股价强度的要求不再是某一日的惊艳四方，而是若干日的浩浩荡荡。

由短到长的转变，变的其实是心，是性。

如果要做价值趋势股，必须完成这种转变。否则，就还是在重复自己的过去。

这种转变在今天意义非常大，因为随着注册制的来临，A股可能越来越在乎行业龙头，越来越与美股、港股接轨，越来越在乎赛道的周期和主升浪的高度，而不是短线的一个涨停板能获得几个溢价。

看看今天的金龙鱼、宁德时代、中金公司、隆基股份这种超级龙头，来回在这里折腾的人，往往不如从一而终、躺在波段里不动的人。

其实，海外早就是这样了，看看特斯拉、微软、苹果、亚马逊。

这些股就是典型的这种思路的产物。A股的未来，更多的是复制这种玩法，而不是关起门来自娱自乐。

那么，把短线变长变为多长呢？是永远持股吗？

这不是另外一个极端，我们还做不到巴菲特那样。我这里倡导的把短线变长还不是无限长，而是一个主升周期、一个赛道周期。

为什么？

因为短线者在把短线变长的同时，遇到了另外一批把长线变短的力量，那就是——机构。

对，你没有看错，很多机构开始把长线变短。

按理说，机构是价值投资，应该持股周期很长，但今天遇到两个问题：

（1）新生代的很多基金经理年龄越来越小，有的是80后90后。这些小基金经理风格更为激进，他们并非我们想象的长期持股，而是来回换。我就遇到很多公募，刚刚买了没有多少天，就卖了。机构也喜欢波段操作。

（2）股价波动加快。由于一批短线资金转为波段，再加上资金多，好股少，一旦发现好的股票，本来计划半年一年涨到目标，现在突然两个月，甚至三个星期就涨到目标了。这个时候机构也不是傻瓜，再涨高了，估值就没有优势了，于是很多机构就兑现了。也就是说，本来计划长线，结果短线就完成任务了。

这就是"把长线变短"。

当把短线变长的力量遇到把长线变短的冲动同时存在时，A股就出现了新的玩法——转型。

只不过各自转型。

超短的往长的地方转，机械长期的，往短的地方收割。

于是，大家共同的目标就聚集到一个地方：

价值龙头，
赛道思维，
周期持有，
波段玩法。

选股大于技术　持股大于切换

很多人喜欢来回换股，来回切换。一会儿高低切，一会儿龙头到补涨切，一会儿大盘到小盘切。

切换太勤，事实上不如选个好股守住它。

因为你无法做到无缝衔接，掐头去尾，换股不如守住好股赚得多。

我理解换股背后的心思，主要有：

• 把周期划分得太细，太微观看市场，恨不得把每个毛细血管都拆开，然后在每个很小的情绪周期里跳跃。于是乎，一会儿买，一会儿卖。

• 希望抓住每个机会，抓住每个暴涨的股。龙头能抓住，补涨也能抓住，中军能抓住，甚至杂毛的套利也去抓。

- 希望规避每一次回踩和波动，俗称不参与调整。

但是，理想很丰满，现实很骨感。希望通过换股太勤来抓住每个机会、回避每次调整，其结果往往是经常错过好股的主升。

上述三个心思中，第一个对换股勤影响最特别，也最敏感。看得太微观，太局促，太细小，肯定容易导致换股勤。

就拿这波 Chat GPT 来说，很多人用显微镜看市场，把市场划分得太细，以至于分歧了若干次、高潮了若干次、退潮了若干次。而如果能大局观一点、能远一点看市场，很明显，Chat GPT 不就是在第一波大主升中吗？

我看很多人在几天前就开始讨论 Chat GPT 有没有第二波了。而市场很明显地在告诉我们，这个主题连第一波都还没有走完。这个题材里的核心领涨股一直在第一波主升里。如果放着第一波的主升不参与，非要去等待第二波再去做，不是明显的刻舟求剑吗？

当然，把市场划分细也不一定都不好，但要分情况。如果是很普通的、细小级别的题材，就像一阵微风吹来，我们可以把市场的粼粼波光当成一个周期，甚至把水珠的滴数都数清楚，也未尝不可。

但如果是超级大级别题材，就如同海啸袭来，你还在乎那些粼粼波光干什么？惊涛骇浪之下的周期划分应该是滚滚的巨浪，而不是朵朵的浪花！

看市场太近、太小，当然换股会勤。适度把市场看远、相对宏观一点，当然守股会紧一点。

就如同我们看车，对于新手，眼睛是盯着方向盘的；而对于老司机，目光则是看着风景如画一般的远方，谁还在乎车头下面的几粒石子？

看远点，看大点，方能放开手脚。

股市亦是如此。

当你能够把整个主题、整个题材看成一个周期的时候，你自然会守住整个主题的核心股，不轻易把它搞丢。

很多人总是热衷于练习交易技巧，而不是练习持股能力。事实上，守股、持股能力和恒心远比交易技巧重要。来回换股，本质上是不敢下长注、不敢下狠注，不够决绝。而守股，练就的恰恰是这些品质。

我忘记在哪遇到一位高人，他曾说过十二个字，我一直记到今天，在这种特殊的市场氛围下，我分享给大家，与诸君共勉：

选股大于技术，持股大于切换！

超级好的股票，犹如超级好的朋友，要长期珍惜

最近很多朋友在总结一年的得失，不约而同地提到俞敏洪的新东方在线。

是的，这是 2022 年一个超级牛股。它的背后，可以总结出很多得失。

恰好，我一个上海的朋友重仓这个股。上次我们在上海见面，他跟我说："你不是多次跟我讲重大事件、重大预期反转吗？我发现去年最大反转的一个企业就是新东方。"于是，他把海外的几千万全部买上新东方在线。

大概赚了 2000 多万元，又买了一栋别墅。

我的这个铁杆朋友，曾经在 2016～2019 年，几乎每个月都跟我一起搞读者交流活动。记得 2016 年，我的《股市极客思考录》刚出版不久，我在广州富力中心搞的第一次纯公益的读者交流会，他就从

上海飞过来倾力支持。

而今,他的龙头投资经典案例,也是经典作品,新东方在线,石破天惊。

所以,年底我看几个大佬谈新东方在线,我很有谈的冲动。

包括投研会的几个朋友,我看他们都从自己的角度谈了新东方在线。今天我也想谈谈这个问题,我主要从两个角度去谈这问题。

第一个角度:不要苛求"最底部"。

很多人都说没有"及时"发现新东方转型,没有在"底部"发现新东方在线的基本面已经发生重大变化,结果错失好股。其实这有点偏执和完美主义。在这个世界上,有很多好股我们都无法在最底部发现它。问题的关键是,当我们发现它时,它已经有一段涨幅,算不算"有意义的发现"?(见图2-1)

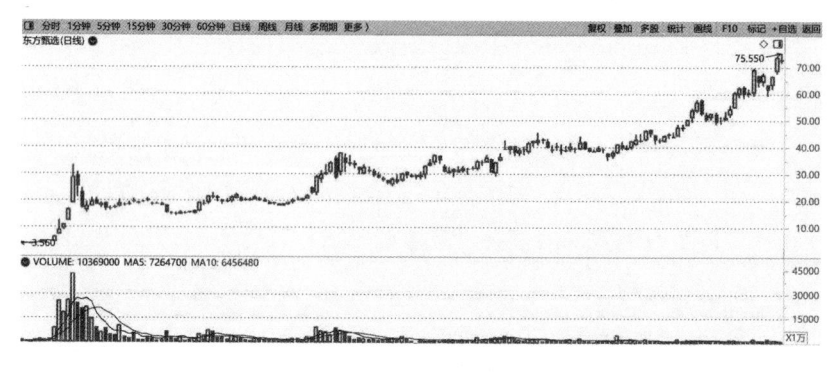

图2-1 东方甄选走势图

当然算。

很多人总是耿耿于怀没有"最早"发现它、没有"及时"发现,其实是对机会的理解偏于"点",而不是"段"、不是"域"。或者说,对机会的理解是"一次性的",而不是"持续性的"。

很多人事实上发现了新东方,即使没有发现它,它也发现了你。互联网时代,重大股票都是敲锣打鼓地让你知道,怎么可能发现不了新东方?只是纠结于没有"第一时间"发现而已。其实,这是刻舟求剑的思维误区。

第二个角度:超级好东西,要有长线思维。

这个问题我在 2015 年就在思考,那个时候我的《股市极客思考录》刚刚问世,我也召开了很多读者交流会、读者座谈会。记得当时,我的一个核心观点就是:

普通的好股,市场资金可能短线炒;超级的好股,市场会长线炒,因为不舍得让它短线走完。

超级的好股做长线,这句话是我当时的口头禅。

当然,这里说的长线,不是巴菲特意义上的长线,而是相对于做龙头战法的中短线来说,它会偏于长。

那个时候是 2015～2016 年,今天是 2022 年最后一天,时间已经过去七八年了,龙头战法也已经变得跟当年不一样了。但无论如何,提起龙头,大家潜意识都会想到是短线,顶多是中线。一般而言,持股周期不超过 2 个月。

超级好股做长线中的"长线",是超过 2 个月的。或者这样想,偏于中短线的思想,是以日为单位思考问题,长线思想是以"月"为单位思考问题。

或者干脆这样说:长线思维。就是,不把它当成短炒完就走的东西。

这个是我对超级好的股票长线的期许。虽然不是很长，但已经跳出市场流行的短线思维。

为什么超级好的基本面最好要做长线呢？

我在七八年之前就理解到，市场不舍得把这么好的股票用短线的方式炒完。

别看短线也讲题材、也讲业绩、也讲基本面，那是没有遇到超级好的，一旦遇到超级好的基本面，市场是不舍得用短的方式把它挤干榨尽的。长线资金的承载需要它，大的资本的运作需要它。

或者我们这样说，对于炒惯了短线中线的人来说，习惯了短线思考一个题材和基本面，习惯了用情绪周期来换着炒作题材，甚至喊出"炒新不炒旧""有新题材、坚决不炒旧题材"等口号，这些都是短线的思维定式。

这么多年，我也被这种定式影响，所以，连"超级基本面长线"信念也差点给忘记了。

实话实说，新东方在线我也没有交易到。当然，如果它在A股，我可能能做到。不过，这不是最主要的，最主要的是没有把"基本面好"与"基本面超级好"区别对待。

对于前者，短炒没有问题，但是如果真的遇到后者，短炒它真的是暴殄天物。

很多人都是短线上在新东方在线上过把瘾、做过跳蚤，但在长线上眼睁睁地错过它的超级上涨。

今天我把这个观念分享给大家，是真的希望在今后的路上，无论你以前是短线还是长线、是价值派还是情绪派，一旦遇到千年等一回的超级基本面好股，一定要长线珍惜它。

不要把它当成短炒股。

不要在短线折腾完它之后，就再也不关心它。

其实股票是这样，人生又何尝不是这样?

虽然每个人，每个朋友，都只能陪伴我们一段，但对于那种超级好的朋友，能够给我成长提供持续性能量和思想的朋友，我们应该长期交往下去，不要只用短期的激情。

卖飞、错过好股怎么办？

事情得从李泽楷谈起。

李泽楷曾经重仓腾讯，而且是以风险投资的形式进去，但是后来李泽楷把腾讯卖了。虽然赚了很多倍，但李泽楷会后悔一辈子。

因为他如果不卖腾讯，可以赚更多，更多，可能是世界首富。

后来，李泽楷经常表达他的后悔之意。

但是，我却认为李泽楷没有资格后悔。

为什么？卖掉了还可以买回来呀。

腾讯还有几轮融资呢。再说，腾讯在香港刚上市的时候才几块钱，如果李泽楷真的懂腾讯，可以在二级市场再买回来嘛。事实上，张磊、但斌都是在腾讯上市后买的，一点儿也不影响大赚。李泽楷在香港，腾讯在香港上市，李泽楷从来没有考虑在二级市场买一股腾讯股票，天天说自己卖了腾讯后悔。他没有资格后悔。他根本就没有搞

明白腾讯的巨大价值。当初投资腾讯,也是运气而已。这说明:

投资的本质是认知,而不是运气。

腾讯当时在香港刚上市股价才 3 元,价格很低。李泽楷身在香港,从来都没有想到再买回来,他自始至终都不懂腾讯。

所以,卖飞不可怕,不懂它才可怕。

李泽楷如此,我们也是如此。

我曾经认识一个大游资,因为某一天忘记买东方通信,结果东方通信暴涨,后来他就像祥林嫂一样到处说,在很多群里唠叨:

"东方通信(见图 2-2)是我模式内的股票呀,就是因为那一天我错过了,没有买到,结果……"

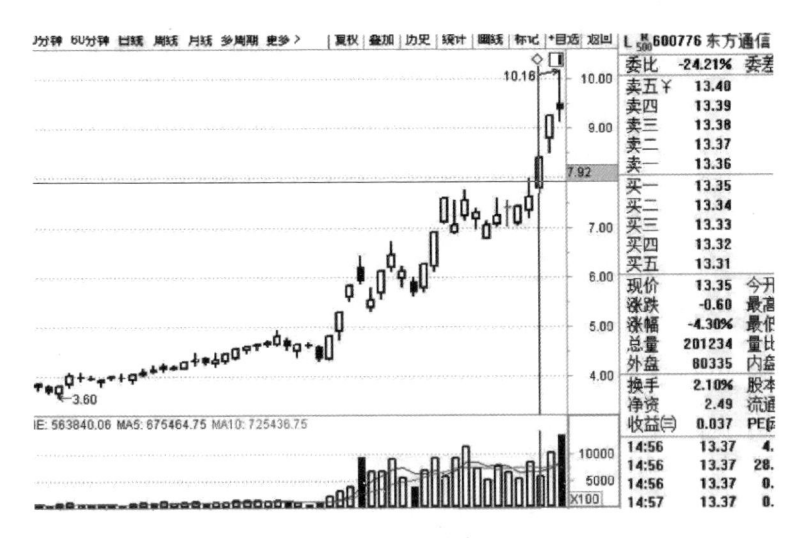

图 2-2 东方通信走势图

后来我实在受不了他，就私信给他：

"错过了你可以再买回来呀。"

如果因为某一天错过了，你失去了某个牛股，说明你根本就没有看懂这个股票。难道一个好股的买点只有一天吗？

如果你的买点只有一天，说明你很短视，即使这一天你买了，也可能在第二天或者第三天洗盘的时候，你把它给卖了，你也吃不到东方通信那么高的利润。因为你根本没有看懂这个股。

我们有多少人都是这样的，因为某个股"错过了"或者卖飞了，就彻底跟这个股票绝缘了，就彻底失去这个股了。

有的干脆再也不看这个股了。

这怎么可以。

谁规定卖错了不能再买回来？

就拿中金公司（见图2-3）来说，我的操作也经历过卖错了再买。

我第一天就买了中金，不过套住了。第二天冲高的时候卖了，我看后来涨停了，不行，反手又打板买回来了。

当天卖错，当天买回。

后来我在这个股上又经历一次，卖错买回；或者没有买，第二天再追高买的过程。

卖错、卖飞、忘记买、没有买，很正常。只要我们理解了股票的级别和性质，可以第二天再买回嘛，或者当天再买回来。

为什么总是耿耿于怀错过或者卖飞呢？

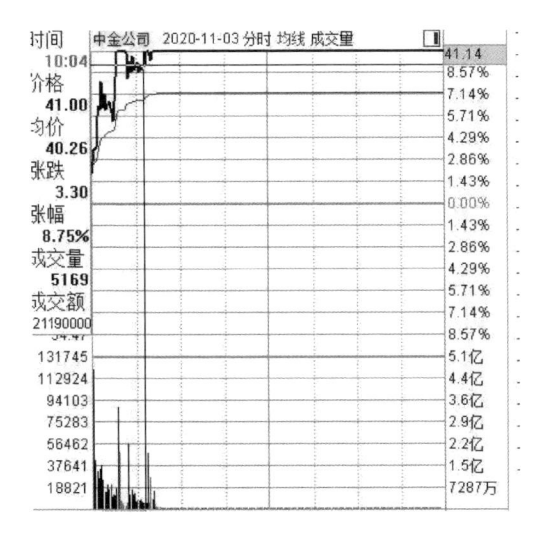

图 2-3 中金公司分时图

那些为卖飞而遗憾的人,也许遗憾的不是卖飞,而是没有搞懂这个股是怎么一回事。

提高认识,是解决这个问题唯一的出路。

龙头突遇"利空"怎么办？

在我做龙头股的生涯中，经常遇到突发利空。

最初做龙头的那些年，每当出现利空，我也会瑟瑟发抖，恨不得半夜挂跌停卖出。

所以，我很能理解今天一些朋友对利空的态度。比如，某个龙头遇到利空了，有些群里的人"幸灾乐祸"——明天等着核吧，或者说谁让你买的。

其实，有这种想法的人，很多都是不做龙头的人，或者做龙头经验很少的人，至少是没有花心思去搜集龙头与利空之间数据关系的人。

因为我交易体系的"主营业务"是龙头股，所以我对龙头与利空之间的关系积累了丰富的经验。根据我的观察，利空分为以下几种：

一种是假利空：表面是利空，其实是变相承认。这种利空，对龙头不但不是负面影响，反而是加持。此地无银三百两。

另一种利空，就是基本面澄清。从非龙头战法选手的眼里看，是利空；但从龙头战法选手的眼里看，不算。比如，某产品占收入比例很少，某产品还处于谋划或者实验阶段，某产品没有你们想象的那么好，等等。

这种利空，对非龙头选手来说，确实是利空，因为基本面澄清了嘛。但对龙头选手来说，未必。为什么？

因为，一个股成为龙头，炒它的人看重的不一定是基本面，而是看重它的情绪载体作用，此时基本面占股价因素很少，所以，基本面澄清，又能在多大程度上影响基本面呢？

还有一种利空，无论是在龙头战法选手眼里，还是在非龙头战法眼里，都是利空。比如减持，比如公司逻辑变化，等等。

对于此类利空，确实要小心。但即使如此，利空未必能终结龙头。为什么？因为龙头很大程度上还与周期阶段和情绪状态有关。如果某个股以及所属的板块，处于强烈的上升周期，情绪没有发泄尽，那么利空是被忽视的，甚至把利空当成利好，当成低吸和套利的品种。

那么，利空难道对龙头一点影响都没有吗？

也不是。

关键是看龙头所处的阶段。如果龙头本身势头衰竭，此时一个轻微的利空都能要它的命，甚至利好也救不了它。

也就是说，利空只有与势头共振，才能让龙头止步。

不过，有一种利空是龙头特别害怕的，那就是直接窗口指导，比如中通某车。不过，这已经不是简单利空了……

　　写这篇文章也不是说让大家忽略利空，利空我们当然要注意，但我更希望大家在乎龙头的环境和阶段。

　　如果如日中天，势如破竹，一呼百应，那么此时利空只是给龙头降温而已，影响不了龙头。就如同2006～2015年房地产出了那么多利空，影响房价吗？

　　如果龙头本身已经衰竭，或者寿命将要到头，此时别说利空，哪怕是一缕轻风，都有可能让龙头趴下。

　　时也，势也。

　　所以，今后大家做龙头再遇到利空，不要轻易被利空蒙蔽，而应看清楚利空的性质，特别是要看清楚龙头的阶段和势头，而不能就利空谈利空。

　　另外，一个股如果没有成为龙头，也许扛不住利空，但是一旦它成为龙头，被市场寄予无限厚望时，它的命就与寄予它厚望的众生联系起来，而不再是简单的利好利空问题了。

　　最后，分享一个理念：如果股票也有命，那么龙头无疑是命最硬的那个。